25歳ではじめた
長崎のベンチャー企業が世界で
注目されるようになった理由

吉岡拓哉 YOSHIOKA TAKUYA

幻冬舎 MC

25歳ではじめた長崎のベンチャー企業が世界で注目されるようになった理由

はじめに

地方で起業しても成功するチャンスはない。起業の環境は大都市のほうが整っているため、大都市で起業したほうが成功できる――そう思っている人は多いと思います。

確かに東京や大阪などの大都市では、金融機関や自治体が主催するビジネスアイデアコンテストや、誕生間もないスタートアップを応援するアクセラレータプログラムが数多く用意されています。また、ベンチャーキャピタリストと呼ばれる人たちが次の有望な投資先を探しているのも大都市の企業が中心です。大都市は人口が多い分、働き手となる人材も地方に比べて多くいます。顧客になり得る人や企業、仕入れ先についても同様です。

このように、大都市のほうが起業成功のチャンスがあるように見えるかもしれませんが、必ずしもそうとはいえません。

起業支援プログラムが多いといってもライバルの数も多いので、自分たちが支援されるかどうかは分かりません。また、人材の獲得競争も熾烈を極めますし、オフィス賃料は地方とは比較にならないほど高くなっています。このように見ていくと、必ずしも大都市のほうがチャンスがあるわけではないのです。

私は今から10年前、長崎を代表する会社をつくりたいと強く思い、25歳のときに起業しました。当時の長崎にはビジネスコンテストもアクセラレータプログラムもなく、人口も大都市圏に流れて減る一方でした。

それでも私は、学生時代の友人と2人で地元で会社を立ち上げ、社員数は現在81名まで増えました。長崎を代表するベンチャー企業として、「長崎県ネクストリーディング企業」に認定されたのに加え、アジア太平洋地域13カ国に本社を置く100万社以上を対象にした「アジア太平洋急成長企業ランキング」で149位にランクインし、小売部門で第5位に入ることができました。

今になって私が断言できるのは、地方にも起業を成功させるチャンスがあるということです。

私の場合、チャンスは起業から4年が過ぎた頃に訪れました。地元のスポーツ用品店で売れずに残っている野球用品を目にしたときに、そのすべてを買い取り、ネットで販売する事業を思いついたのです。在庫が大量にあるために新商品を仕入れることができず、顧客の足が遠のくという悪循環に陥っているスポーツ用品店は全国各地に存在しました。そんな地方の店舗に目を向ける人はほとんどいないなかで、私は逆にこれをビジネスチャンスととらえ、スポーツ用品店に対して一気に営業をかけていったのです。営業は対面を基本とし、車で移動しながら1店1店、泥臭く行っていきました。長崎県内をすべて網羅したあと、その5日後には県外に飛び出しました。全国にスポーツ用品店は4000社あるのですが、わずか1年のあいだにそのうちの3000社と取引することになります。大都市にいると、地方商店の課題に気づく機会も少ないと思います。地方にいたからこそ、それがビジネスチャンスになるという発想が生まれ、事業を拡大していくことができたのです。

以降、買取事業は順調に成長を続けるのですが、成長するうえで欠かせないのが人材の採用です。地方の経営者と話をすると、口をそろえて人材が集まらないと言いますが、私の会社では人材採用にそれほど困りませんでした。創業当初から、お洒落なオフィスで楽しそうに仕事をしている様子をSNS等で発信し、また、社員間の飲み会は会社が全額負担する飲み会手当や女性社員に毎月5000円支給する美容手当、男性社員に毎月5000円支給するお洒落手当など、若者向けの福利厚生を次々と打ちだしていることで応募がくるようになりました。大都市では埋もれてしまうこれらの取り組みも、地方では話題になります。そして地方にも良い会社があると知れば、そこで働きたいと考える若者はいるのです。

さらに会社の知名度を高めるうえで意識したのがブランディングです。地元のテレビ局や新聞社に働きかけて露出を図り、地元の施設に野球用品を寄付するなどの地域貢献活動を通して存在感を高めていきました。長崎の注目企業になって企業理念や事業内容が広く知られることで、人材採用がうまくいくだけでなく営業面でも強力な後押しになります。

このような営業、人材採用、ブランディングの戦略が奏功して野球用品の買取では全国トップの座を獲得し、以降、取扱商品を拡大し法人在庫全量買取および販売というビジネスを展開しています。年間取扱高は308億円に至るまで成長し、取引先は全国に拡がり、人材も全国から応募が来るようになりました。

本書は地方で起業した私たちがどのようにして世界で注目される急成長企業になることができたのか、その軌跡をたどりながら紹介します。起業して10年のあいだにビジネスモデルをどう磨き上げてきたのか。人材をどのように集めたのか。営業力をいかにして鍛え全国展開に至ったのか。ブランディングをどのように進め知名度を高めてきたのか。そしてなにより、地方ならではの強みをどう活かし成長につなげてきたのか――そのすべてについて詳細にまとめました。

この本がきっかけとなり、地方で起業する人が増えることになれば、著者としてこんなにうれしいことはありません。

目次

第4章

ローカル起業成功の戦略／ブランディング編

長崎県ネクストリーディングカンパニーに認定！

第5章

ローカル起業成功の戦略／事業拡大編

アジア太平洋急成長企業ランキング全100万社中、小売部門5位にランクイン！

序章

ベンチャー企業の10年生存率はわずか6.3%

大都市での起業よりも戦略次第でローカル起業こそ成功できる

「大都市で起業したほうが成功する」は本当か

大学を出て3年間社会人生活を送った私は、学生時代の友人を誘って25歳のときに地元の長崎で起業しました。手元の資金は60万円。社員は私たち2人だけです。学生時代に取り組んで成功したイベント事業を改めて手掛けたのですが、まったくうまくいきませんでした。電気やガスを止められて真冬でも水のシャワーしかないという生活も経験しました。

しかし、さまざまな事業に挑戦しながら2人で切磋琢磨してセールスの腕を磨き、4年後にはついにこれだと確信できる新しいビジネスを見つけました。試行錯誤を重ねながらもビジネスモデルの改善を続け、大きく成長させることに成功、起業10年目の今、従業員は81名に増えました。長崎県を代表するベンチャー企業として「長崎県ネクストリーディング企業」に認定され、アジア太平洋地域に本社を置く100万社以上を対象にした「アジア太平洋急成長企業ランキング」で149位となり、小売部門では第5位にランクインしました。

新たなビジネスモデルの発見も、そのブラッシュアップも長崎という地方からの起業にこだわり、その道をひたすら進んできたからこそ実現できたのだと思います。

起業は地元の長崎でする――初めからそう決めていました。「いや、起業するなら東京でしょう。少なくとも大阪とか名古屋、福岡といった大都市でなければ無理だと思う」とアドバイスをくれる人は少なくありませんでした。理由は、大都市ならビジネスコンテストがたくさんあり、認められれば資金援助が受けられる、仮にコンテストがダメでも有力な投資家の目にとまるチャンスがある、働き手も多いから人集めもやりやすいというのです。

しかしそのアドバイスを受け入れることはありませんでした。そもそも私が不思議に思っていたのは「5億円の出資を受けました！」と、スタートアップ企業が出資を受けたことをプレスリリースなどで大きな成果と誇ることです。資金調達自体を否定するつもりは全くありませんが、ビジネスを本格的に立ち上げる前に資金だけ手に入ることが本当に正しいのだろうか。仮に最初は苦労しても、ビジネスモデルをしっかりと鍛え上げるからこそ自力がつき、スタートアップが大きくスケールするのではないかと思います。

今になって思うことは、ベンチャー企業に必要なのは、今までにないビジネスモデルを日々の体験のなかから編みだし、それを実際のマーケットに投げ込み試行錯誤しながら鍛え上げていくことだと思います。赤字を出しても調達した潤沢な資金でしばらく食べていけるという環境のもとで、桁外れのアイデアや気づきは生まれないと思います。

投資する金額は少額で、しかもできるだけ早く回収し、次の投資に注ぎ込まなければなりません。虎の子の資金を少人数で、しかも自分たちの知恵だけを頼りに、効率よく回転させなければならないのです。ビジネスモデルに問題点が見えたらすぐに改善し、軌道修正しなければなりません。いくつものビジネスを並行して走らせ、どれかを伸ばせばいいと悠長に構えていることもできません。一つのビジネスに賭けてなんとか育てていかなければならないのです。私にとって地方は、起業やビジネスの展開に不利な場所ではなく、むしろ常にキャッシュフローを意識し、ビジネスモデルを磨き続けていかなければならないという意味で事業や自分たちをとてつもなく鍛えてくれる場でした。

確かに今、地方経済には勢いがなく、働き手の大都市圏への流出も続いています。私の地元の長崎県も同様です。長崎県の一人あたり県民所得は約265万5000円で全国40位です。東京都の575万7000円に比べ半分にも達しません（内閣府「県民経済計算」2019年版）。県外への人口流出も顕著です。特に15歳から24歳の若年層では毎年4000人から5000人の転出超過となっています。県内の高校卒業生のうち進学者の6割、就職者の4割が県外に出て行ってしまいます。また、県内出身者で県内の大学を卒業して就職する人の3割が県外へ転出しています（長崎県「長期人口ビジョン」2019年版）。地方では資金も人も東京などの大都市のように簡単に集めることはできません。起業の環境として厳しいのは明らかです。しかし、だからこそチャンスも多くあり大きく成長できる場所でさまざまな協力を得られるのだと思います。仮に私が東京で起業し、最初に資金と人を得ていたら今の状況はなかったと思います。

しかも地方にしかないものもたくさんあります。例えば私が現在の事業の基になる不動在庫一括現金買取というビジネスを思い立ったきっかけは、個人経営のスポーツ用品店を別のセールス案件で飛び込み訪問し、店番をしていた店主とかれこれ1時間も雑談を交えて話をしていた時のことです。そしてこのリアルな膝詰めの会話があったからこそ、地方商店特有の深刻な悩みを知り、当社が提供できる解決策が見え、それが現在の年間取扱高308億円という巨大なビジネスへと育ちました。Webアンケートなどでは決して得られない生の声が聞けたからこそ、全国の地方商店や中小企業にも共通する普遍的な課題をつかみ、それを解決するリアリティのあるビジネスが考案できたのです。

地方での起業は地元に今ある市場を相手にしたもので、その範囲の事業になるから発展性がないと考える人があります。私はそうではないと思います。地方に根差し、そこでしっかりとニーズを掘り下げれば、同じ課題は全国各地にあります。全国で通用するビジネスを創出することができるのです。

起ち上げたら攻めぬくしかない

あるとき私は、インターネットでベンチャー企業の生存率に関する記事を読んで驚きました。そこでは「ベンチャー企業の創業5年後の生存率は15%、10年後は6・3%、20年後は0・3%に過ぎない」と言及されていたのです。10年で90%以上が消える事実はあまりにも衝撃的でした。あるエコノミストが講演で話したものがビジネス誌に掲載されたものが出典とされ、結局、元データに遡ることはできませんでした。ただし、まったく根拠のない数字とは思えませんでした。東京商工リサーチの「倒産企業の平均寿命」を見ると、2021年のデータで約23年となっています。これは企業規模や産業の種別に関係なく、東京商工リサーチの企業データベース157万社のうち倒産した企業のすべてを平均したもので、情報通信業に限れば約15年です。資本金が少なく体力のない中小企業やベンチャー企業だけを集計すれば、さらに短くなることは明らかです。

ベンチャー企業は10年生き延びることすら難しい――それなら、起業したら攻めるしかない、攻めぬくことが生き残ることにつながるのだと思いました。まず潤沢な投資資金を獲得してからという構えでは、攻めぬくというマインドはなかなか生まれません。ここでも地方の起業環境の厳しさが私にはプラスでした。最初のイベント事業がうまくいかなかったときも、スポーツ用品店でビジネスのヒントを得たときも、私には「攻めきる」という気持ちが常にあり、それが会社の大きな成長につながりました。廃業率を知り、良いサービスを生み出したから成長するのではなく、お客様が使ってみたいと思ってもらったときにものは売れるのだ、そして成長できるのだと、強くかみしめたのです。

第1章

ローカル起業成功の戦略／ビジネスモデル編

地方商店の課題をチャンスに変えて一気に全国展開すればニッチトップになれる

スポーツ用品店の不動在庫一括買取で、起業から10年で年間取扱高308億円に！

地方発だからこそリアリティと普遍性のあるビジネスモデルが生まれる

地方からこれまでにない新しいビジネスモデルが生まれるのか——懐疑的なまなざしを向ける人は少なくありません。人口減少と少子高齢化の進展のなかで、地方経済は停滞し、社会は活力を失っているようにみえます。その中でいくら思いを巡らしても斬新なアイデアや夢のある未来図は見えてこないのではないか、マーケットは小さく、共感する人も一緒に立ち上がる人もいないのではないか。所詮地方では新しいビジネスモデルを構築することはできないのではないかと初めから思い込んでいる人は少なくないと思います。

しかし、今の地方の状況と抱えている問題を逆手にとって、チャンスに変えていく発想であれば、可能性は大きく広がります。ひとつの地方で発見した課題とそれを解決するビジネスモデルは、全国のすべての地方に当てはまる普遍性を持っているのです。地方発のビジネスモデルは、地元に徹すれば徹するほどその本質的な問題を露わにするものであり、全国のあらゆる地方に妥当する内容を持つことになります。

生まれたビジネスモデルが逞しく育つのも、地方ならではです。

つくりあげられたビジネスモデルは、そのままでは未成熟なものです。それは今までになかったものであり、常に実験的で最初から完成しているわけではありません。最初に投じられたものは、完成形に向けてブラッシュアップされなければなりません。そのためにはいち早く市場に投入し、その反応をキャッチすることが必要です。その点でも地方には有利な環境があります。顧客との関係が近く、直接話を聞くといったことがしやすいからです。最初のビジネスモデルのままでいいのか、修正する必要があるのはどこか、どう修正するのか、といったことについていち早く情報収集しながら実行に移すことができます。ビジネスモデルを市場の中で育てるという意味でも、地方には良好な環境があります。

今の日本が「失われた30年」と呼ばれる長期の停滞を打ち破り、新しい社会を引き寄せるために必要な新たなビジネスモデルの創造は、リアルな生活が営まれている地方でも可能であり、ブラッシュアップができるのです。

ローカル起業の原点

長崎での起業からの10年、これだというビジネスモデルを手に入れてからの実質約7年で、私たちは会社を大きく成長させることができました。その原点となったのは学生時代に始めたイベント事業であり、卒業してから起業までの3年間に経験したセールスでした。

長崎県諫早市に生まれ、地元の高校を卒業した私は県内の比較的新しい大学に進学しました。学生生活を送るなかで、将来は会社勤めではなく、地元で起業し会社を経営したいと思うようになりました。大学で企画したイベントが楽しく、多少の収益も上げたことから、これを仕事にして若い人達と長崎を代表する会社をつくりたいと思ったのです。これが私の原点になりました。

大学は創立からまだ10年に満たず、2種類の学生がいました。仲間を集めてバンドやダンスなどをやって大いに学生生活を楽しんでいるものの、発表の場がないと思っているグループ、もう一方は、私もその一人だったのですが、若い大学であるためイベントなども少なく、あっても盛り上がりに欠けて、学生生活といっても面白いことがないと不満に感じているグループです。実際、大学2年の時に初めて学園祭に出かけて、私は衝撃を受けました。大学の学園祭といえば、他大学からの来校者も含めてキャンパスは人で埋まり、模擬店が並び、校舎の内外からマイクを通して賑やかな音楽やアナウンスが聞こえてくるものと思い込んでいたのです。しかし、私の大学の学園祭はまったく違いました。確かにステージの上で学生バンドが演奏してボーカルも声を張り上げているのですが、周りには誰もいないのです。模擬店はたくさん並んでいても、客の姿は数えるほどです。

私は、もうそこにじっとしていられない気持ちですぐに校門をあとにしました。足早に歩きながら、私は、自分がバンドを組んで来年の学園祭はそのバンドが中心になって、今までにない最高の盛り上がりをつくってやる、と決意したのです。、もともと私は良く言えばノリがよく、悪く言えばお調子者タイプです。このときも、歌も楽器もまったく素養はなくお世辞にも歌がうまいとはいえないのに、バンドをやることを決めてしまいました。

なんとか仲間を集めてバンド練習を重ね、半年後には人前で演奏できるレベルになっていました。ちょうどその頃、他大学の4年生が主催する小さなライブハウスでのイベントに出ないかと声がかかり、チケットも50枚ほどを売ってくれと頼まれました。もちろんOKしました。ついにステージに上がる日が来たのです。

大学でチケットを売りさばき当日を迎えました。会場は満員盛況となり、うまいか下手かは別にしてステージは大いに盛り上がりました。大きな満足感があった私はつい調子に乗って「次のイベントは自分たちが主催する！」と宣言、実際にライブハウスに交渉してOKの返事をもらいました。さっそくほかのバンドに出演交渉し、自分のバンドの練習も重ねました。さらにチケットの作成やポスターの制作、チラシの配布など主催者としてやらなければならないことを、仲間を集めてやりました。チケットを印刷してはさみで切ったりする作業までも楽しくて、夜遅くまでみんなで盛り上がっていました。

結果として初めて主催したライブも大成功して10万円以上の収益が出て、スタッフと出演者の打ち上げできれいに使い果たしました。さらにこのあとも、音楽イベントだけでなく、ＳＨＯＷバスケやダンスチームなどとのコラボイベントを開催、自分の大学だけでなく、他大学からも動員できる力をつけ、２００名規模の学生イベントも実施していました。バンドを組むきっかけになった寂しい学園祭が翌年からは生まれ変わり、自分のバンドを引き連れて出演、それまでにない盛り上がりをつくることができたのです。

このときだったと思います。大学3年の秋ですから、クラスやゼミの仲間は就職活動のまっただなかで、誰がどの会社から内定をもらったといった話は嫌でも耳に入ってきました。しかし、私はまったく違うことを考えていたのです。イベント活動を進めるなかで、多くの学生と楽しい時間をともにし、大学がつまらない、発表の場がないとこぼしていた友人に多くのステージを用意し、彼らにとって最高の時間を引きだすこともできた——充実感、達成感は人生で味わったことのないものでした。若気の至りと言われればそのとおりかもしれませんが、若い学生でも一生懸命取り組めば周りの学生はもちろん、社会にも影響力を及ぼすことができる。若者が本気になれば世のなかだって変えていけると本気で思ったのです。だから将来は自分で会社を興す。若い仲間を集めて、長崎を代表する会社に育てていく、と心に決めました。そのスタートは25歳の時と時間を区切りました。

アナログ×デジタルがビジネスの基本

大学卒業後、私はいったんサラリーマンになりました。3年後に25歳で起業するにしても、多少なりとも経験を積んでおかなければなりません。美容室向けの商材卸の大手企業に入り、営業職に就きました。

得意先の大手チェーン店はベテラン従業員の担当と決まっています。私のような新入りの担当先は、年配の女性がアシスタントを1人使って個人経営しているような小さな街の美容室がほとんどでした。約120軒を受け持ちルートセールスをしていました。基本となる商材は会社として定期的な取引があります。店舗が使用する製品を別のメーカーに切り替えるといったことでもあれば取引量は一気に増えますが、メーカーが代わらなければ、消費分の補充くらいですから、そこでは売上が稼げません。私が工夫したのはスポット商品の販売でした。ある日、本社からローラー式美顔器をスポットで売ろうと方針が発表されました。すると全国の営業マンは自分で一定の数を仕入れ、販売に動きます。私は思い切って同僚の10倍もの数を仕入れ、自分なりに販売方法を工夫して販売数の拡大に努めました。仕入れは自己責任で返品はできません。ギャンブルではあるのですが、自信がありました。私は熱意をもって取り組めばきっと売れるという学生時代のイベント企画で得た確信を拠りどころに、同僚や上司の「そんなに仕入れて大丈夫か」という声に耳を貸すこともなく営業に乗りだしました。

ローラー式美顔器は、オーナーではなくてもアシスタントの女性が空き時間にお客様に提案すれば売れると思いました。それができれば、シャンプーをしたり、店内を掃除したりする以外のことで各店舗に貢献できるし、働きがいも生まれます。顧客とのコミュニケーションも楽しめます。オーナーも嫌な顔はしないだろうと思いました。売り方のマニュアルや店内のポップは私が手づくりし、アシスタントへの販売指導も私がして、オーナーにはいっさい手間をかけさせないようにしました。開店前や終業後に店舗に行ってデモの仕方を教えたり、顧客からのこういう質問にはこう答えるという想定問答集までつくったりして、細かくサポートしました。するとアシスタントの方も多く売ることができたのです。店舗側も手応えを感じて数をまとめて仕入れてくれるようになり私の販売成績は大きく伸びました。

同じように販促商品が出てくるたびに、私は売り方を工夫しながら一店ごとに丁寧に説明して回って販売をサポートしていったので、店舗もそのたびに大量に仕入れてくれるようになりました。スポット商品の販売では、私はいつも全国でトップクラスに入るようになり、いつの間にか拡販が得意になりました。

学生時代のイベント企画に続いて、私は起業までの〝つなぎ〟のつもりの仕事で、また一つ自信を得ることになりました。私は、販売が自分の得意技だと実感でき、これがあれば起業しても絶対やれると確信しました。

いよいよ起業に向けて具体的な一歩を踏み出そうと思い、勤めを続けながら土日を使って独自にイベント事業をやり、そこで新会社の資金づくりをしようと思いました。

学生時代にいちばん仲が良く、イベントにも一緒に取り組んだ友人（現副社長）に連絡を取り、誘いました。家業を継ぐつもりであった彼はしばらくためらっていましたが、私はイベント用のホームページをつくり、ＳＮＳにイベント用のアカウントもつくって、どんどん準備を進めていきました。

まもなく彼も共同創業者になることを決断してくれてました。とりあえずはそれぞれの勤めがあるので土日限定ながら、長崎でイベント事業への取り組みを始めました。

ただしその結果ははかばかしくありませんでした。居酒屋を借り切った学生向けイベントや地元のテーマパークを会場にした婚活イベントなどを企画したのですが、いずれも思うような集客はできなかったのです。なんとしても一度は成功したい、そうしなければ起業への弾みがつかないと思い、クリスマスとバレンタインの二つのイベントを企画しました。二つが成功したらいよいよ起業だ、と決めたのです。蓋をあけてみるとクリスマスに50人、バレンタインに１００人をなんとか集客できました。目標はもっと高いところにあったのですが、赤字ではなかったことを都合良く成果と解釈した私は、最低の目標はクリアできたと大いに甘い自己評価をして、勤めとの二足のわらじをここで止め、当初の予定どおり長崎で会社を起業することにしました。

3年勤めた会社に起業したいので退職します、と告げると上司は世のなかはそんなに甘くない、お前のためにも辞めさせないと言いました。しかし起業を決意していた私は上司の慰留を振り切るようにして退職し、予定どおり2013年4月、25歳の時にKと二人で会社を始めました。

どんな事業をやるかは決めていませんでした。まず会社を起業することだけを考えていたからです。やりたい事業があったわけでもありません。革新的な新規ビジネスのアイデアもなく、手元の資金は60万円だけでした。東京なら当社はベンチャー企業の仲間にも入れてもらえなかったかもしれません。ある大手就職情報企業はベンチャー起業とは、という問いに「最先端技術や全く新しいビジネスモデルで、新たな価値の創造を目指す会社などがこれに当たります。ベンチャーキャピタルなどの投資機関から資金援助を受けている企業などを指してベンチャー企業と呼ぶこともあります」と記しています。とすれば、私たちは実に風変わりな〝明日のベンチャー企業〟としてスタートしたことになります。私たちにあったのは情熱と対面での販売力だけです。もちろん同世代の若者と同じく、パソコンやスマートフォンも日常的に使っていましたが、なにか目新しいシステムのアイデアがあったわけではありません。しかし、だからこそブレイクできたと思っています。言い換えれば私たちは誕生した時から一貫してアナログ×デジタルの会社であり、そうであったことがベンチャー企業として成長できた理由でした。

地方だからこそ思いついたビジネスモデル

会社を起業してまずなにをしようかと考えて、最初に始めたのがイベント事業でした。学生時代に取り組んで、その面白さややりがいを発見し、会社勤めの頃にも何度も企画・実施してきたものであり、手のつけやすい慣れたフィールドでした。起業後にまずイベントを思い立ったのも、学生時代のささやかな成功体験と、そのなかで味わった仲間との一体感が忘れられなかったからです。イベント事業ならそこそこやれるだろうと思っていました。

しかし、世のなかは甘くはありませんでした。イベントのたびに飲食店になどに掛け合って会場を借りるのは大変なので、思い切って20坪ほどのスペースを賃借して常設のイベント会場にしました。家賃はかかりますが、毎日いつでも自分の都合で使えるのですから、頑張って集客できれば元は取れるはずだと思いました。勤めながらの副業時代は当然土日しかイベントを設定できませんでしたが、会社を起業した今はそうした制約はありません。毎日イベントが設定できます。まず思いついたのは、誕生日は曜日に関係なく、毎日誰かが迎えている、ということでした。そこで「22個のサプライズ企画の付いた誕生日会」を企画しました。身近な人とたくさんのサプライズを交えながらお祝いできたら楽しいだろうと思ったのです。

毎日誰かしらのニーズがある良い思いつきだと自画自賛していたのですが、思ったように申し込みがありません。「今日も申し込みはない」「明日もない」日々が続き、お金が入ればすぐに支払いに回す状況で、わずか1カ月で60万円の蓄えはなくなりました。ある日、今日も申し込みはなかったという夜に手持ちのお金もほんのわずかとなり、このままでは食べていけない。生きていけないという、それまで味わったことのない深刻な恐怖感に包まれ、二人とも長椅子に無言で寝そべっていました。経営はむずかしいな……と、考えると自分たちの姿が滑稽に思えて、笑いが込み上げてきました。しばらく声を合わせて大笑いしましたが、酒でも飲みに行こうか？　そう言って目を合わせた瞬間…私たちは大号泣していました。二人とも、それまでの人生で一度も経験したことがないほどの恐怖におそわれたのだと思います。そして、友人を無理矢理誘った責任を強く感じながらも二人で酒を飲むしかない無策と孤独がやりきれませんでした。創業時に多くの人から反対されていたこともあり私たちには、相談相手もアドバイザーも不在で、もちろん資金援助もありませんでした。

その翌朝、私たちは、もうイベントではやっていけない。けれども営業は得意だからなにかものを売ろう、と二人で話し合って方針転換しました。

イベント会場確保で回った飲食店がどこも来客が減って困っているようだったことを思いだし、集客のために広告を出しませんかという営業を始めました。まもなく、本当に少しずつですが受注できるようになりました。しかし寝る時間も惜しんで働いて、それでも食べていけるかどうかという状況が続きました。光熱費が払えず電気やガスもたびたび止められ、真冬でもシャワーは水、シャンプーが買えないので洗顔料を水で薄めて頭から足の先まで洗う日々でした。

そんな生活を1年ほど続けると、広告制作の受注が少しずつ増え、2年目には、2人で1週間に100万円くらいの売上を確保することができるようになりました。それでも消費者金融から高利の借り入れをするなど、苦しい状況は変わりません。状況が少し上向き始めたのは、3年目を迎える頃に始めたLED照明に関する事業のおかげでした。広告の営業で店舗を回っていると、売上が思うように伸びていないから毎月広告を出すのは苦しいと断られることが多かったので、それなら店舗や事務所の経費削減に協力できる商材を売って、浮いたお金を広告に回してもらおうと考えたのです。出会ったのがLED照明への切り替えの代理販売業務で、これがうまく回り始めました。

照明器具の切り替えはそれなりに初期費用がかかります。しかしLEDに替えれば月々の電気代は切り替えた月から大幅に削減できます。私たちが考えたのはLED照明の割賦販売でした。光熱費が安くなった分で毎月の購入費用を支払うことができるので、導入側では事実上新たな負担ゼロで照明設備を切り替えることができます。しかも割賦での支払いが終わったあとは、浮いた光熱費はそのまま収益を改善するものになります。さらに割賦販売ですから私たちの会社には、クレジット会社から先に一括して販売代金が入り、私たちの資金繰りも安定します。

ＬＥＤ照明事業では、現副社長も鍛えた営業力を大いに発揮してくれて、一人で月に１０００万円くらいの売上を計上するようになり、会社経営もそれなりに安定していきました。３年目に入った私たちの会社は低空飛行ながらなんとか飛び続けることができるようになったのです。

ただし今は良くても、営業が一巡すれば受注が頭打ちになることは目に見えていました。ＬＥＤ照明事業は、私たちのような規模では一定の地域内という市場の限界を脱することができません。回れる範囲を回り切ったらもう声を掛けるところがないのです。これでは会社の成長はありません。ＬＥＤに変わる新しいビジネスを探さなければダメだという危機感が私にはありました。家に帰り、テレビでニュースやドラマを見ながらくつろいでいるときも、常に新しいビジネスの芽を探していました。気づいたことをすぐ書き留めることができるように、ソファの横にもベッドの脇にもメモ帳を用意していました。夜はお酒が入ることもあり、翌朝メモ帳を見ても、面白くもなんともないなどということもありましたが、常になにかを探している状態でした。

ファッションのトータルコーディネート専門のＥＣサイトをつくったこともありました。従業員にはそれなりにおしゃれをすることを求めていたのですが、当時の男性従業員が「そう言われても毎日なにを着たらいいか分からない」と困っていたことがヒントでした。しかし、ビジネスとしてはまったく低調で、すぐに止めてしまいました。ほかになにかないだろうかと自問し続けた私はＬＥＤ照明の営業で店舗を回るなかで、まったく新しいビジネスのアイデアを思いつき、すぐに実行に移したのです。それは起業後10年を経てニッチ市場ではあれ、トップに上りつめた現在の会社の独自ビジネスの根幹をなすものであり、起業以降、地元で１軒１軒店舗を回り続けてきたからこそつくりあげることができたビジネスモデルでした。地方だから思いつくことができたのかもしれません。

地方のスポーツ用品店で生まれた全量一括買取ビジネス

ＬＥＤ照明への切り替えの営業で、私はあるスポーツ用品店を飛び込みで訪問しました。

そのスポーツ用品店は街中によくある小さな個人経営の路面店でした。私はいつものようにお店の前に車を止めて「こんにちは」と入っていきました。

幸い店主と覚しき初老の男性が一人で、届いたばかりの夕刊を拡げて店番をしていました。店内にはほかに客の姿はなく、私はいつものようにＬＥＤ照明に切り替えてコスト削減をしませんかと勧めました。興味をもっていただけたようで、私がひととおり話し終えたあとも、店主は私が広げた資料に目を落としていました。その間に改めて店内を見渡すと、ショーケースの上に10年は経っていると思われる型落ちの硬式野球用グラブが、手書きの「50％オフ！」のポップとともに陳列されているのが目に入りました。私も小、中学校と野球をやっていたので分かるのですが、確かに良い品物とはいえずいぶん古いものを売っているのだなと不思議に思いました。

店主の気さくな雰囲気にも助けられアイスブレイクにもなるかと思ってずいぶん昔のものを売っているが、新しいものは仕入れないのかと聞いてみたのです。すると私のぶしつけな質問にも嫌な顔ひとつせず、店主は確かに新しいものも仕入れたいが結構在庫がたまってしまっていると明かしました。

なるほどそういうことがあるのか、と私は思いました。そしてすぐにそれならうちが買い取ってみよう、と思いました。

私は、そのお金で新しいグラブを仕入れてもらおうと思ったのです。店にとっては5年も10年も動かなかった在庫がはけて、しかもその売上が新しい商品を仕入れる元手になります。新しい商品が並べば店に活気がでるし、きっと顧客も来るようになる。うちは買い取ったものに利益を乗せてネットで個人向けに売れば利益が出る。型落ちだって新品同様のグラブが格安で手に入れば喜ぶ人はきっといる……三方よしじゃないかと思いました。店主にはネットで売る発想はなく、仮にあっても、自分でサイトをつくってネット販売を始めることはハードルが高かったのです。しかし私たちならできる。販売をどうするかは買い取った私たちがあとで工夫すればなんとでもなると思いました。

私はそのとき、これはビジネスになると確信したのです。損をする人間はどこにもいません。眠っているグラブが、価値を認める人のところに届く、しかも、単にグラブ1個の流通ではなく、店の在庫問題の一挙解消にもなるのです。

店主に「よかったらもう少しグラブを見せてください」とお願いして、棚の上のほうにあるものや奥にしまってあるようなものもすべて引っ張り出してもらい「これ今買わせていただけませんか？　ちょっと査定させてください」とお願いしました。店の裏の倉庫のようなところからも、硬式グラブはもちろん、軟式グラブ、少年軟式グラブなど、いろいろなものがでてきました。私はその一つひとつに、これはいくら、これは……と値段をつけていきました。もちろん野球グラブに深い知識があるわけではありません。査定と言いながら、結構大ざっぱで全部で30万円くらいになりました。現金は持ち合わせていませんが、キャッシュカードはあります。銀行に行けば現金が用意できます。

私が、これ全部で、30万円で買い取ります。今すぐお金おろしてきますから、と言うと、店主もさすがに急な展開に驚いたようでしたが、売れる見込みのなかったものが30万円の現金になることに魅力を感じてもらえたようでした。私がすべての品を引っ張り出してしまったので、改めて在庫の多さに気づかされたということもあったでしょう。今さら片付けるのは面倒だという気持ちもあったかのかもしれません。案の定店主はそんなにたくさんあったのか、すべて持っていってくれていいという返事をくれました。

支払いを終え、グラブを積んで会社に戻る車の中で、私はこのビジネスモデルは絶対いけると確信を深めました。「処分したい在庫品があったら高価で査定し、買い取ります」と看板を掲げ、売れそうな品だけを買い取るビジネスはすでにあります。また不要品を売買することができるネット上のフリーマーケットもあります。しかしこれらは店が抱える在庫問題の解決にはつながりません。全部買い取るからこそ、次の仕入れ資金としてまとまった金額になり、在庫を一掃しながら新たな商品を店頭に並べることができるのです。自分や自社の利益のために、高く売れそうなものだけ買う、あるいは売れ残りのリスクを嫌い、仲介するプラットフォームだけを提供するのは、本質的な課題解決にはなっていないと思いました。個人であればよいのですが、店舗となれば別です。

店の立場で考えれば、全部を買い取ってもらえるからこそ滞留在庫問題の解決につながり、言わば一度全部うみを出し切ることができるから、次の展開の道筋も見えてくるのです。

確かに私たちは全部買い取れば、すべてを売り切ることが必要になります。それも一定の利益が確保できる価格で売らなければなりません。店の不動在庫が当社の不動在庫になったら、ただの慈善事業になってしまいます。現に売れ残っていたものを売るのは簡単ではないにせよ、売ることに掛けては、私たちにはスポーツ用品店の店主にはないさまざまなアイデアやルート、ツールをもち、今後開拓することもできます。店主はこれまで店頭販売以外の経験がないから売り方は分からないのですが、インターネットに詳しく、また、業界を異にし、従来の商流も知らない私たちであれば、逆にいろいろなアイデアが出せるはずだと思いました。

もちろん買い取ったものを新品とうたったり、既存の流通ルートに紛れ込ませてしまったら値崩れが起きて在庫を提供してくれた店や業界にも迷惑がかかります。その点は私たちが再販売にあたってきちんと配慮しなければなりません。新品ではなく、型の古い未使用の展示品であることを明確にし、かつ独自の流通ルートを開拓すれば、既存のルートと併存することもできるはずです。

消費者にとっても高品質で安価なグラブが手に入ることになれば、それは福音です。そもそもグラブは高価になり過ぎていて、ほんの一時期子どもとキャッチボールをするだけなのに何万円も出せない、と思っている人は少なくありません。そういう人に、全量買取品を従来にない販売ルートに乗せて案内することができれば、とりあえず遊べるものならいい、まずは入門用だから最新型はいらない。型落ちでも十分という潜在している消費者に、より購入しやすい価格で必要なものを提供することができるようになると思いました。

野球グラブの不動在庫一括全量現金買取は、店舗、私たち、消費者の三方よしの商売です。三方よしは簡単には崩れない強いビジネスモデルです。私はこれこそ今までになく、かつ全国で通用すると確信しました。

実際、私が法人不動在庫一括買取という新しいビジネスで地方から全国へと向かい、年間取扱高３０８億円という事業に育てあげられたのも、地元にこだわり地元商店や企業経営者の悩みを間近に聞き、その解決を目指して挑戦してきたからです。周囲のリアルな生活者や経営者から批判やアドバイスをもらい試行錯誤を続けることが、全国に通用する地元発のビジネスモデルを確立することにつながったのです。ローカルにこだわらなければ、課題の発見も、それを解決する新たなビジネスモデルの誕生も、成長もありませんでした。

地元のスポーツ用品店の悩みは、別に長崎独自のものではありません。全国どこでも駅前のビルや郊外の大型ショッピングモールに全国チェーンの大手スポーツ用品店が出店して最新モデルを展示・販売する一方で、昔ながらの街のスポーツ用品店からは客足が遠ざかっています。私がたまたま訪ねた店のように、客が来ないから売れない、売れないから新しいモデルが仕入れられない、品物に魅力がないからますます客足が遠ざかる……こういう悪循環に陥り、困窮しているスポーツ用品店は全国にあるはずです。私はこの事業の市場は全国に共通したとてつもなく大きなものだと確信しました。すぐに九州全県、さらに本州、日本全国に打って出ようと思いました。全国で通用するビジネスの芽は身近な地元に必ずあるという私の確信が、現実のものとなりました。

一気に全国展開——1年で3000店を開拓

LED照明を売りに出かけたはずの私は、車のトランクや座席に山のように野球グラブを積んで会社に戻りました。何事かと驚く従業員に細かい説明をして、大急ぎで野球グラブの販売サイトを開設して売ってくれと指示して、翌日はまた朝から出かけ、スポーツ用品店を見つけては飛び込みました。そして前日と同じように、趣旨を話し、その場で査定し、全量を現金で買い取っていきました。私は毎日、九州の主要都市に出向き、買取を進めていったのです。予想したとおりグラブはどんどん買えました。「全量一括、現金で」モデルのもつ力です。こちらの利益ではなく、まず相手の利益を考えた提案であり、ものを売るのではなく相手から買い取る事業だったからだと思います。

九州全域のスポーツ用品店に足を伸ばして野球グラブの買取をしている私に、ある日会社から電話が入りました。「社長、大変です！」というのです。「どうした？」と聞くと、「グラブがどんどん売れてます。やばいです！」という報告でした。

うれしかったのはもちろんですが、いよいよこれは本当にいけるぞ、と確信をもちました。新品ではなくても未使用ですから質のいいグラブばかりです。例えば定価6万円のグラブを3万円で売るのですから、買いたい人は殺到します。3万円でも利益が出るように買取金額を設定し、買取と販売を進めていきます。そして、まだお金に余裕はありませんでしたが思い切って60万円を出して中古車のバンを買いました。それで、社員とともに四国・中国地方さらには全国をキャラバンし、街のスポーツ用品店を1軒ずつ訪問して趣旨を説明し、野球グラブを中心にした不動在庫の全量一括現金買取ビジネスを一気に進めることにしました。あまりにも粗末な車なので窓が閉まらず、真夏の炎天下を額に冷却シートを貼って走ったりしていましたが、買取は他県でも好調でした。長崎の街の小さなスポーツ用品店の悩みは、全国の地方都市でも同じだったからです。

さらにその過程で分かったことの一つが、スポーツ用品店の横のつながりの強さです。私たちの買取を喜んでくれたオーナーが、ぜひ知り合いの店にも行ってみてくれと紹介してくれることが少なくなかったのです。それが訪問買取に弾みをつけ、効率をさらに高めることになりました。地方の商店というと孤立した存在に見えます。ところが実際はメーカーや卸会社などが主催する会合などをきっかけに地元を離れた横のつながりをもっているのです。地方には全国に通用するビジネスモデルの芽があるだけでなく、それを波及させるネットワークもあるのです。

長崎から遠く離れる場合はあらかじめ電話でアポイントを取ることもありましたが、基本的には紹介を含めて1軒1軒飛び込み、その周囲に同じようなスポーツ用品店を見つければ飛び込みで訪問し、買取をどんどん進めていきました。一度長崎を出れば、1週間、2週間と出張を続け、買い取ったグラブは宿泊先のホテルで夜、ベッドのシーツを背景に使って写真撮影し、その日のうちに会社に画像データを送り、販売チームが販売サイトにアップを続けました。愛媛県今治市で1日に２００万円分を買い取った時は、スタッフで祝杯を挙げました。買取時点ではもちろんまだ売れていないのですが売れる自信がありました。２００万円で買い取ったということは、目標どおり運べば1件で数百万円の売上になるということだからです。

野球用品買取を始めた当初、社内にはＬＥＤ照明事業を担当している営業部隊を中心に10人ほどの従業員がいました。しかしグラブなどの野球用品の買取事業が急拡大したことから、ＬＥＤの事業を代理店化して社内体制を野球用品買取を重点に再編しました。購入品の管理とサイト販売の担当者に加え、電話でアポイントを取る営業担当者も置き、さらに買取部隊は2チームを編成して全国を回りました。私が自分の経験からどういう内容で話せばいいか要点をまとめた詳細なトークスクリプトをまとめ、また査定のコツ、商談に関する注意点なども細かく伝えました。半年で全国のスポーツ用品店２０００店舗と取引を展開し、1年後には３５００店舗にまで取引を拡大することができました。

個人からの買取にも事業を拡大

私がスタートさせたのはスポーツ用品店からの不動在庫買取というＢｔｏＢ（企業間取引）のビジネスです。直接訪問して現金で全量を買取るというそれまでにないスタイルが各店舗のニーズに合い、長崎だけでなく全国どこのスポーツ用品店にいっても、同じようにどんどん買取を行うことができました。グラブの買取数は事業開始から3年で月間約1万8000点に達しました。

しかし私は、ＢｔｏＢだけでなく企業と消費者間の取引であるＢｔｏＣにも事業を拡げたいと考えていました。ＢｔｏＣのルートでの買取量は、当初はそれほど多くありませんでした。また、個人からとなれば、マニアのコレクション以外はすべて中古品になります。買取金額は低く売値も低い。ビジネスの規模としては決して大きくありません。しかし、消費者と直接相対することで、世の中で会社の知名度は一気に上がります。いくらＢｔｏＢで事業を伸ばしても会社の名前は世のなかになかなか出ていきません。今後どう事業を伸ばしていくのか、その明快な見通しはまだありませんでしたが、いずれにしても会社の名前を浸透させていくことは今後の展開にとって大きなメリットになると思っていました。

そこで個人向けのインターネット買取サイトを開設しました。それまでのスポーツ用品店からの買取ビジネスで得た収益から数千万を思い切ってネット広告に注ぎ込んでサイトの存在をアピールしました。

当時、個人が持つさまざまな中古品を売ることができるフリーマーケットのような仲介サイトはありましたが、野球グラブというニッチな世界に特化した買取サイトはありませんでした。専門サイトだからこそ厳密で信頼できる査定がされて、高く売れるだろうという期待があったと思います。反応は非常に良いものでした。個人商店に出張したときのように現物を見て査定することはできません。ＬＩＮＥ査定というシステムを開発し、売りたい人にはあらかじめグラブの全体とロゴマーク、型番、さらにキズや使用感がある場合にはそれが分かる写真を送ってもらい、ただちに査定して買取金額を提示するようにしました。すでにグラブに関するデータベースはできていて、販売も重ねてきたのでそうしたデータを掛け合わせれば査定額はすぐに出せます。

10分以内の回答を約束し、価格が同意できればグラブを発送してもらい、到着次第即日入金するシステムにしました。サービス開始当初は価格の折り合いがつかないことが多く、成約率は4割程度だったのが、こちらの提示額と大きく掛け離れている場合はいくらぐらいをイメージしていたかを聞き取り、こちらからは中古グラブの相場を分かりやすく伝えるなど、コミュニケーションを丁寧に取るようにしたことで成約率は9割まで上がりました。

個人からの買取は予想より好調で、サービス開始から1年ぐらいで利用者は6万人に達しました。

販売は中古品であるだけにさまざまな工夫が必要でした。

野球グラブのニーズは、ピカピカの最新モデルにあるだけではありません。子どものPTAの関係で急に1日だけ必要になった、会社の野球大会に臨時でかり出されることになった、子どもが成長して本格的にキャッチボールが楽しめるようになったから一時期だけだと思うが自分用が欲しい……という素人プレイヤーのニーズも確実にあります。とりあえず今あればいいという隠れたニーズを拾い上げながら、滞留させずに売りさばく工夫を重ねていきました。

野球グラブという、おそらく誰も手をつけないニッチな市場で、しかも商店の在庫は全量を一括現金でただちに買い取り、個人にも即査定、即入金の思い切ったビジネスモデルを構築することで、当社は全国に通用するサービスで一気に野球グラブ買取業界でトップの座を獲得することができました。

2016年に野球グラブの買取を始めてからわずか3年間で獲得した日本一の座でした。

知名度を高めるにはBtoCビジネスが向いている

ある日、以前在庫を買い取ったスポーツ用品店から「ほかにもまだ買い取ってほしい在庫品がある」という相談を受けてすぐにうかがいました。そのとき私はあいさつ代わりに、新しいグラブは仕入れましたか、と聞いてみたのです。すると店主は、確かに最新モデルを入れたけれど、やっぱりお客さんが来ない、と悩みを語りました。

大手のスポーツ用品店が百貨店やショッピングセンターなどに大々的に出店して客を集める一方、街の用品店は「品ぞろえが貧弱」「新しい製品がない」と見られて客足が遠のいているという状況は、商店街全体の地盤沈下とも絡んで根が深く、店頭に最新モデルを置いたぐらいでは解決できない問題だったのです。

在庫買取で私たちのビジネスが大きくなっても各店が「やっぱりお客が来ない」状態であれば、私たちが目指していた滞留在庫の一掃による店舗経営の改善の目標は未達ということであり、非常に申し訳ないと思いました。私たちの事業だけが順調というわけにはいきません。個人客をもう一度店に向かわせたいと考え、ＢｔｏＣ事業の新たな展開として私は加盟店制度を考えました。

これは当社が提携している街のスポーツ用品店にいらなくなったグラブを持ち込むと、下取りしてくれるだけでなくその店で使えるクーポンがもらえ、その場で買い物ができるシステムです。例えば昔、父親が使っていた古いグラブや自分が使っていたものなどを少しまとめて加盟店に持ち込めば、当社がネット上で査定し、加盟店は買取代金として現金の代わりに店で使えるクーポンを発行します。4個、5個とまとめて持ち込み、受け取ったクーポンを使えば、非常にお得に、場合によっては実質ゼロ円で最新型のグラブを手に入れることができる仕組みです。提携店が買い取ったグラブは当社が査定額の一定割合を還元する形ですべて引き取ります。これによって店頭に持ち込む人が増え、各店に賑わいが戻ってほしいと考えたのです。

この仕組みに賛同し、提携店となっていただける店には加盟料をお願いすることにしました。個人の店への動線をつくるのは当社で、システムの構築やスタッフの派遣、店頭に出すサインやポップ制作などのコストがかかるからです。しかし、個人経営のスポーツ用品店にとって安い金額ではありませんでした。そのため加盟店募集はメールやＤＭなどで一方的に知らせて受け付けるスタイルではなく、きちんと話をして納得していただく必要があると思いました。そこで１軒１軒アポイントを取り、私自身も全国の店を訪ねて、１店舗あたり１時間くらいは話をしました。

しっかりと熱意をもって話をした成果だと思います。加盟店制度は好評で、募集開始から４カ月で２２０店舗、半年で３００店舗に広がりました。さらに、個人商店だけでなく大手スポーツ用品店にも声を掛けると、全国で１５０店舗を擁する企業との提携も実現しました。

新しい商品を売るのが専門の大手スポーツ用品店が、私たちのような再販ルートを担う会社と提携するのは簡単なことではありません。メーカーを起点とする商品の流通と再販品の流通は相容れないものです。仕入れ先メーカーとの関係もあったことと思いますが、死蔵されているグラブを有効に使ってもっと野球を楽しんでもらおうという主旨に共感していただき、提携が実現しました。

ＢｔｏＣ事業として個人からの買取を始めることにより、当社が中古グラブの有効活用や再利用に大きな役割を果たしていることを多くの人が知り、会社の知名度を一気に高めることに成功しました。

最初は損をしてでも買う

私はさらにビジネスモデルのブラッシュアップを続けました。ブラッシュアップこそ、地方発の手づくりのビジネスモデルを鍛えていくために必須の作業です。ビジネスのローンチ後に市場はどう反応し、顧客はどういう経営環境になったのか、それを丁寧にリサーチしながら、時には思い切ってビジネスモデルを変えていく事も必要です。その点でも、地方ならではの顧客との距離の近さは有利です。移動中の空き時間を見つけて、ちょっと立ち寄って様子をみるということができるからです。そのなかで知った新たな課題やマーケットの可能性もあり、さっそく対応しました。その一つが買取品の拡大です。

当初グラブを買っていたスポーツ用品店では、店からの依頼もあり、グラブ以外の野球用品――バットやスパイク、ヘルメットや防具、ウェアなど――も買い入れていきました。さらにスポーツ用品店だけでなく小売りをしている街の個人商店には同じ悩みがあるに違いないと思い、不動在庫買取ビジネスを野球用品以外にも広げていきました。例えば電動工具やおもちゃ、化粧品などです。ロードバイクにも手を広げました。特にロードバイクは野球グラブと価格帯も似ていました。年々新しいモデルがメーカーから出ますが、街の小規模な自転車店ではうまく商品が回転していませんでした。どの店でも型落ち品が在庫として滞留しているという悩みが聞こえてきました。

ロードバイクはネット上の個人向け買取サービスはすでにありました。しかし、当社のようなこちらから全国の店舗を訪ねて行き、その場で買い取るビジネスは存在していませんでした。

基本となるビジネスモデルは野球グラブですでに確立しています。全量一括現金での買取を進めました。ただし、仕組みはあっても新しい業界の商品になるとなにをいくらで買い取るか、再販品の販売実績データもなく、査定は非常に難しくなりました。例えばある自転車店で、海外ブランドのロードバイクを買い取ろうとした時、ある1台でどうしても価格の折り合いがつきません。私が提示した金額は4万円です。しかし店側は「これは人気のブランドだから」と強気で最後まで金額が合意できず、結局、私が折れ8万円で買い取りました。案の定、販売価格は8万8000円にしかなりませんでした。プラス8000円といっても、買取に要した手間と時間を考えれば会社としては実質赤字です。しかしそれでも買って良かった、8万円で購入してみてよかったとプラスに捉えました。実際に買って売りに出すことで再販の市場が見えたからです。このブランドの同じ年式は8万8000円と分かったのです。これは価値のあるデータだと思います。次からは8万円では絶対に買取できませんし、実績としてこの価格でしか売れないことは明らかです。8万円で買ったら商売にならなくなります。実際に買って帰って売りに出し、損を被りながら市場の実態を知ったことでそれができるようになったわけです。野球用品からの横展開にあたっては、最初は粗利率を確保する自信がなくてもいいからとにかく買おう、その後、市場を見ながら少しずつ調整していけばいい、と私たちは社内で確認し、品目を拡げていきました。

最初は損しても買う、ということが、走りながら得た重要な教訓でした。

「買いたいものを買う」から「売りたいものを買う」へ

法人の不動在庫現金一括買取という新たなビジネスを打ち立てた当社は、ビジネスモデルのブラッシュアップを重ねながら順調に成長していきました。野球グラブからの買取商品の拡大も、その大きな要素です。なかでも最も大きなチャレンジになり、その後の会社の成長にとって欠かせないものになったのがアパレル分野への進出でした。ここから当社の事業は、同じＢｔｏＢが基調であっても、法人相手へと大きくシフトすることになり、事業規模は一気に拡大していって大きなターニングポイントになりました。

スポーツ用品店で野球グラブの買取をしているとき、ウェアの在庫があるのでこれも一緒に買ってもらえないかと言われることがしばしばありました。ロードバイクに買取を拡げたときも、同じようにウェアがでてきました。スポーツ用品店には、意外にウェアの在庫が多いことに気づきました。話を聞いてみると、スポーツウェアは野球グラブやロードバイク以上の短いサイクルで新商品が登場し、しかも機能性以上にファッション性が高いことから、少しでも古くなると売れ残ってしまうのです。なるほど、そういうものかと思い、スポーツウェアだけでなくアパレル業界全体の在庫も非常に多いはずだと思って調べてみると案の定でした。想像をはるかに超える在庫が積み上がり、売れ残り品が廃棄されていたのです。在庫一括買取ビジネスを始めた私たちにとって、アパレルはものすごく大きなビジネスチャンスになると確信しました。

そもそもアパレルメーカーは、春夏秋冬の４回、さらに春と秋は、初春・晩春というようにそれぞれ前後に微妙な気候の時期がありますから、都合年に8回、商品のデザインを変えて小売店の店頭に並べることになります。さらに低価格でおしゃれを売りにしたファストファッションブランドは顧客をしっかりとつかんでおくため、年に12回、つまり毎月、新商品を発表します。しかも各メーカーは1着あたりのコストを下げるため、また、どんなに売れ行きが良くても品不足で販売機会を失うことがないよう、必ず多めに生産して出荷します。その量は実際に売れる量の倍に達するといわれています。日本では年間35億着が生産されているので、ざっと17億着はもともと売れ残る計算だということです。しかもこれらは保管コストがかかります。一部をセールやアウトレットに出した残りは、ほとんどが焼却・埋め立て処分に回っているといわれているのです。

フードロスが大きな社会問題になる一方で、衣料品ロスも実は非常に大きな問題です。アパレルメーカーの在庫を買い取り、独自に流通させることができれば、メーカーは在庫が解消できると同時に有限な地球資源の無駄遣いや廃棄処分によるCO_2の排出といった環境への負担増に対する社会的な批判を回避できることになります。

他方、私たちは再販売に託すことによって利益が確保でき、消費者は安くて品質の良い洋服を手にすることができます。さらに市場が大きいだけに地球温暖化防止の意味でも大きなインパクトがあり、三方よしどころか四方よしのビジネスになります。私がさっそくアパレルメーカーを訪ねると、在庫は確かにあり、正直に言って実は処分にも困っています。現金問屋が売れそうなものだけ選んで買っていくことはありますが、焼け石に水です。大量の売れ残りはほとんど廃棄しています。もっと良い解決方法があればと思いますが、今のところ有効な打ち手はありません、という話でした。

当社がもちかけた、不動在庫全量一括買取の話も、基本的な考え方としては歓迎されました。ところが難しい問題があったのです。販路と価格です。

そもそもアパレルはネットでは売りにくい商材とされていました。色や材質、細部の縫製などの重要なポイントが、モニター越しでは十分にチェックできません。もちろん試着もできず、着心地は分かりません。アパレルの購入者がチェックしたいポイントは非常に多く、ただ機能を果たせばいいものではないので、インターネット販売はなかなか難しいのです。そもそも買い取る商品はグラブと違って同じものが大量にあります。これでは値くずれもおこるため、インターネットで1点ずつ販売することが難しくなります。

また有名ブランド品になると再販には難しい点が出てきます。日頃からそのブランドが好きで買っている人は、ブランドの最新デザインには関心があっても古い品物にあえて手を出そうとはしません。また、そのブランドに関心のない人にとっては、意味がないのに高価な品物になってしまいます。

さらに、どのような形であれ、一般の人が多く目にする市場に大量に商品が出回ることになれば、型が古いといってもブランド価値を損ねることにもなりかねません。

アパレルは買取量が野球グラブのようなニッチな市場と異なって桁違いに多く、商品の特性上、型番と写真では品物の情報も伝わりません。しかもブランド品も多いことから、ブランド価値を損ねる事態を避けるためにも、販路の工夫が欠かせません。アパレルは、流通させるものの量と販路の制約が非常に大きいのです。

買い取った大量の在庫品を、メーカーが嫌がらない形で本当に欲しい人に届けることは、野球グラブとは異なるさまざまな工夫が必要でした。インターネットでの販売は一部に限定せざるを得ません。販路を開拓するため、買い取った商品のサンプルをトランクに詰め、街のディスカウントショップやリサイクルショップなどを一軒一軒訪問して販売を依頼しました。また、ブランドを守るために販路を海外に限定してほしいという要望も多いことから、中古グラブの販売ですでに開拓していた、海外への販路をさらに大きなものとして確保するため、海外専門の卸事業者を新たに探し、海外向けの販路を充実させました。交渉の過程で、どの国にどんなルートを持っているのか、なにをいくらぐらいで卸せるのか、アパレルの海外販売について詳しい情報も得ることができました。少しずつ、新たな販路が見えてきました。

しかし、アパレルは買取量が多く、量に見合うだけの販路はなかなか確保できません。副社長から、このままではとてもさばけない。全国展開している大手のディスカウントショップを開拓しましょう、と声が上がり、副社長に開拓を依頼しました。

例によってサンプルをトランクに入れて訪問しこの商品をこの価格で納められます。買っていただけませんかと提案しました。しかし、悪いけれどおっしゃる価格ではとても買えない。うちならもっと安く仕入れられますと言われてしまいました。

販路としては開拓の可能性があったのですが、大手企業となると仕入れ力が強く、こちらが考えるような価格では到底買ってもらえないのです。

アパレルの再販品の卸価格がいかに低いか、大手ディスカウントショップに一蹴されながら相場を学んでいきました。大量に買い入れてすばやくさばくためには、大手の流通ルートの確保は必須です。とすれば大手が買い取ってくれる価格でも当社に利益が残る価格で在庫買取をしなければならないということです。販路の確保のために、買取価格を徹底して下げることを考えなければなりませんでした。野球グラブなら少々高く買っても利益が出たのです。しかし、アパレルにその計算式は当てはまりません。

そのため買取の際にこちらが提示するのは、更に価格を下げたものでした。案の定、在庫を抱えるメーカーからは、それは安過ぎると断られました。しかし、ここで買取を諦めたら一歩も前進しません。アパレルの再販がどれほど厳しいか、市場の現状を細かく説明し、また、販路は海外をはじめいろいろな選択肢も提供できることを示しながら、粘り強く交渉を重ねました。そして一品一品で見るとプライスダウンしますが、当社は全量一括買取なので、全体で見れば相当の金額になることを説明しました。また、販売先になる大手ディスカウントショップや卸事業者との交渉も重ね、当社ならではの商品提供量や品ぞろえなどをアピールし、少しでも高い価格での買取になるよう交渉を重ねました。

さまざまな販路の準備、在庫買取と流通小売りへの販売の両面での価格交渉に取り組むことで、アパレルへの参入も成功させることができました。

アパレルへの参入過程で得たノウハウは在庫買取ビジネスの拡大にとって非常に大きな意味をもちました。

それまでのインターネット以外に、中小や大手のディスカウントショップ、海外専門の卸事業者などの販売ルートが確立したことによって、在庫買取を依頼してきたメーカーの希望に応じて、いろいろな買取提案ができるようになったからです。メーカーによっては、海外だけにして国内では売ってほしくないとか、インターネット販売は避けたいとか、実店舗の割合を下げてほしいとか、いろいろな要望がありました。それに応える販路を約束できるようになっていったのです。ご要望に合わせてこの販路でこの価格帯で売ります。買取金額はこれくらいになりますと回答のバリエーションが増えていったのです。

価格と販路の両方をさまざまに組み合わせながら買取価格の提案や交渉ができることは、在庫の処分を検討しているメーカーにも好評でした。ほかの買取会社には、販路の指定を受け付けなかったり、使わないと約束したはずなのにいつの間にかインターネットに商品が出ていたり、約束違反といえるようなケースも少なくなかったのです。当社なら、販路を優先するか、価格を優先するか、あるいはその組み合わせをどうするか、さまざまな選択肢があります。当社に対して、いろいろ相談できるし、約束した販路を必ず守ってくれるから安心できる会社だとの評価も数多く耳にすることができました。

アパレルへの進出は、個人商店の在庫品から法人の在庫品へと買取の対象を一気に広げたことで取扱商品量を増やして事業規模の拡大をもたらしただけでなく、販路も拡充することができ、従来のビジネスモデルに柔軟性や拡張性をもたせることができました。

また、販路拡大の過程で卸事業者や大規模なディスカウントショップとの連携が生まれ、私たち自身が再販商品が売られている店頭をじっくりと見る機会が生まれました。それによって、どういう商品が、どういう価格帯で販売されているかを詳しく知ることができ、こういう商品なら販路があるということが、流通価格とともに分かったのです。

従来は、当社側が買いたいものを買っていました。しかし、アパレルへの進出以後は、お客様に求められるものを買い取るようになりました。その後、さらに私たちは食品、ゲームやおもちゃ、楽器などの法人在庫を対象にした全量一括買取へとビジネスを拡大していきました。背景には、アパレル進出を契機にした学びがありました。

当社の売上や利益は、アパレルに進出できたことによって、新たな成長のステージに入ったのです。

野球用品事業を売却して資金調達

アパレルへの進出を成功できた背景には、もう一つ、事業資金を調達できたことが大きいと思います。そのために私は個人向けの野球用品買取と販売ビジネスの事業を売却しました、起業以来最大となる決断でした。

確かに野球用品をはじめとする商店のさまざまな在庫買取で、事業規模はそれなりに大きくなっていました。アパレルの法人在庫の買取へと事業を拡大しようとしたとき、在庫規模が個人商店相手の時とは桁違いに大きいことから、準備すべき買取資金もそれまでとは比較にならないほど巨額になりました。一社あたりせいぜい１００万円、２００万円でよかった買取資金は、アパレルメーカー相手になると一気に跳ね上がり、一社あたり数千万円から億単位の資金が必要になったのです。しかし、資金がないからとアパレルへの進出のチャンスを逃せば、会社の成長は止まります。絶対に逃したくないチャンスでした。

資金をどうするか――の回答が個人向け野球グラブ事業の売却でした。いうまでもなく、会社の成長の起点となり、当初の苦境から脱出する力をくれた思い入れの深い事業で私にとっては我が子のようにかわいく、手放したくはありませんでした。しかし、ほかに資金をひねり出す手はありませんでした。また、投資を求めて歩くつもりは最初からありませんでした。ただし実は1件だけ、私たちがグラブ買取ビジネスで急成長した様子を見て、投資を申しでてくれた人がいました。もちろん評価はうれしかったのですが、やはりお断りしました。申し出の投資金額は1億円くらいだったと思います。ありがたいとは思いましたが、その時改めて感じたのは、結局投資で得た資金は事業活動のなかで消えていくものでありながら、それと引き換えに株を渡したり経営への発言権を社外の人に持たせたりすることになるのです。それは嫌だと思いました。

そこで考えたのが自社の一部事業の売却です。具体的には当社が育ててきた個人向けの野球用品買取ビジネスの売却です。手放すのは本当に惜しかったのですが、いずれにしても会社のビジネスを野球用品買取で終わらせたくなく、ここは決断の時だと思いました。

好調のビジネスだったこともあり、売却の情報を出すとすぐに10社近くが買いたいと手を挙げ、金額も納得できるものになりました。当社はアパレルという大きな市場に出ていく数億円の資金を自力で手にすることができたのです。

当初の事業をたとえ額は小さくてもキャッシュフローをきちんと生むものへと育て、必要に応じてそれを売却しながら次の成長ステージに進んでいくというのは、金融機関にも投資家にも頼らず、地方から自力でビジネスモデルを育てていくうえでの重要な戦略です。

事業売却を新たなビジネスに

事業売却の成功は当座の資金確保に有効だっただけでなく、自力で資金を調達する有望な方法があるということを私に教えてくれました。事業をつくって軌道に乗せ、それを売却すること自体が新たなビジネスになるのだと気づきました。資金調達にも自力を貫いたことが、私たちに新しいビジネスのヒントをくれました。

早速、売却を前提にした新たな事業として、ＥＣ販売サイトをつくりました。商品の表示から注文受付、代金決済から発送、アフターサービスの仕組みまで一連の機能をすべて盛り込み、それに沿ってサイトを制作、ネットショップのアカウントも取得すれば、誰でもすぐに事業が始められます。必要な商品の仕入れルートも確保し、一定の黒字が出るまで私たちが運営するので、購入者は面倒な手間をいっさい省いて新規事業であるにもかかわらずスムーズに事業を始めることができます。これは買いたい人が絶対にいるだろうと思いました。家計の足しに、あるいは将来の年金が不安なので副業として自宅でできるＥＣ販売サイトを運営したい、しかしどうやって始めたらいいか分からないし、自分で開設する時間もないという人は、今の時代少なくないのです。

さらにこのビジネスの良い点は、私たちはＥＣ販売の経験が豊富なので、物販サイトの開設が苦労なくできることです。加えて当社にとっても良いことは、このサイトが私たちの買い取った在庫品の卸先にもなることです。

例えば居酒屋を開業したいと思っている人がいたとします。開業のためには土地と建物を用意するだけでは足りません。什器や厨房機器、さまざまな備品も必要です。どこに行ってなにを入手する必要があるのかをすべて洗いだし、一つひとつ購入してそろえるには、大きな手間と資金が必要です。起業・出店を思い立っても、手間と準備が負担になって諦めてしまう人が、おそらく10人中に何人かは存在するはずです。

もしインターネット上に、居酒屋開業応援の看板を掲げた通販サイトがあったら、悩みは解決します。開業に必要なものがすべてラインナップされていて、サイトを使えば、出店に必要なもののすべてがワンストップで、しかも圧倒的に安く仕入れることができるのです。こういうサイトをつくって、当初の運営サポートサービスも付けて副業でECサイト事業を始めたい人に売りに出せば、希望者はいるはずです。すでにスタートしているビジネスですから初期段階での失敗の可能性は低く、しかも事業開始のための面倒な準備はいっさい不要なのです。

この事業売却は当社に収益をもたらすだけでなく買取品の在庫を卸す先を一つ増やすことを意味します。これも非常に大きなことです。売却すればするほど卸先が増えていきます。

私たちにとっても販売先が一部の大手企業に限られていれば、それは大きなリスクです。先方の都合で取引がなくなった瞬間に在庫品を販売する先がなくなり、一瞬にして首が絞まってしまうからです。中小の卸先が数多くあるということは、私たちにとって大切なのです。さらになにを販売するECサイトにするかは買取品の種類や内容に合わせてこちらでカスタマイズして決めることもできます。

新たなECサイト販売事業は順調に推移し、多くのサイトを販売して多くの人に利用してもらっています。そして現在では、子会社にてこの事業を運営しています。

直営のリアル店舗を地元に開設する意味

私はビジネスモデルのブラッシュアップをさらに続けました。地方発の起業だからといって、マーケットが地方に限定されるということはありません。そのビジネスモデルに、地方に共通する普遍性があれば、ビジネスは全国で展開できます。実際、当社の不動在庫買取事業はすぐに全国展開に移りました。ただし、事業エリアは全国区ですが、本社を地元に置き、人材採用を地元で進める以上、地元への積極的な貢献や地元でのブランディングの強化は常に念頭に置くべきです。その観点から地元、長崎県内でのリアル店舗の開店を行いました。

買い取った在庫の販路は、インターネットによる個人向け販売と、ディスカウントショップなどへの販売、海外など特定の販路をもつ卸事業者への販売を組み合わせたものでした。販売先は国内全域および海外です。ただし、長崎県での販売実績はほぼゼロでした。もともと長崎の市場だけで事業をするつもりはありませんでした。会社は長崎でも市場は全国が起業当初からの私の大きな目標でした。

しかし、いかに全国展開が目標といっても、地元の企業として成長させてもらいながら長崎県の売上がほぼゼロの状態でいいのかという思いはありました。これだけすばらしい商品を扱っているので地元の顧客にいいものを提供する機会をつくりたいと思いました。私たちが考えたのが、リアル店舗を設けアパレルで買い取った在庫品を格安で、地元で販売することでした。在庫買取先でインターネットでは販売してほしくないとか、２割は長崎県内で売ってほしいといったリクエストがあったので、販路として確保しておくことはビジネス上でもプラスにもなると思いました。リアル店舗があれば、自社の店舗でこれだけ、残りはこの販路でと提案のバリエーションがさらに広がります。

もっとも、リアル店舗の開設は土地と建物を確保し、人も常駐させなければなりません。決して効率のいい販売チャネルとはいえません。しかし、赤字覚悟の特別セールで地元の顧客に喜んでもらったり、従業員が実際に購入してくれたりする顧客の姿に接することは、事業をさらに前に進める力になると思いました。それが新たな企画やビジネスの構想につながることもあります。営業効率の面だけでは計れない価値をリアル店舗はもっていると考えました。

1店舗目のオープン初日は、私たちの予想を大きく上回る2000人以上が来店しました。これだけの地元の顧客に喜んでもらったこと、そして当社の存在を改めて知ってもらえたことは、非常に大きな価値があったと思います。会社のブランディングの意味でもリアル店舗の所有の意味は小さくありませんでした。1号店に続いて現在は長崎県内にもう1店舗がオープンし、2店舗を運営しています。

倉庫問題への取り組みも新たなビジネスに

不動在庫の全量一括買取が順調に拡大するなかで新たな課題として浮かび上がったのが倉庫の問題です。買取量はどんどん増えていく一方で、倉庫が足りません。とりあえずレンタルで確保したものの、一時期、レンタル費用だけで月額で３０００万円にもなってしまいました。これではどんなに売上を上げても利益が少なくなってしまいます。大きな悩みの種でした。

ある日、県内で付き合いのある運送会社に年末のあいさつに出かけた時のことです。ひとしきり社長と話をして別れ際に、倉庫に空きはありませんかと聞いてみると意外にも、あるよという返事でした。私が貸してくれるように頼むと、いいよ、どうせ空いてるんだから、とトントン拍子に話が進み、なんと１００坪を10万円で借りることができました。

この経験から新たな倉庫ビジネスのアイデアが生まれました。在庫品の買取先で倉庫が足りないという声はよく耳にしていたのです。一方で、私が実際に経験したように運送会社で空きスペースを持っているところがあります。それなら当社が空きスペースの情報をまとめ、必要としている会社とのマッチングをしてはどうかと、ビジネスモデルを練っていきました。倉庫をレンタルする場合、通常は不動産賃貸契約になり、アパートやマンションと同じで礼金や敷金、仲介手数料がかかります。契約期間も2年間が一般的で、仮に季節的に利用が少ないときでも月々の家賃を払わなければならないなど多くの無駄があります。当社のマッチングサービスでは、必要なときに必要な期間だけ使用料を払えばいい形にしました。固定料金ではなく従量料金です。もちろん、礼金や敷金、仲介手数料などはないので借りる側の費用負担を大きく減らすことができます。あのエリアで1カ月だけ50坪空いてないかと思ったときにネットですぐ検索でき、条件に合う倉庫を契約することができる仕組みです。スペースを貸し出す運送会社も、長期間は空けておけないので通常の賃貸契約は結べないが、ある月から2カ月だけは確実に空いているといったときに、空き期間を無駄にすることなく、収益につなげることができます。さらには受け入れた荷物の配送という、本業での新たな仕事が発生する可能性もあります。

このビジネスもまた、預ける企業、預かる運送会社、そして私たちの三方よしのビジネスになりました。実際にサービスを始めると非常に好評で、登録されている空きスペースは全国で3万坪を超えるまでに拡大していきました。

1軒のスポーツ用品店にLED照明の販売で飛び込んだことをきっかけに始まった在庫買取ビジネスは、足で歩き、各店で話をするたびにビジネスモデルをブラッシュアップすることができ、新たなビジネスへと広がっていきました。

強烈な危機感に後押しされて、小さなヒントからすぐビジネスを始めることにつながりました。それも、その場での全量一括現金買取にすることでお客様へのメリットを提供できるようにしました。その後は査定のノウハウを積み上げていきました。買い取った品はできるだけ早く現金化して次の買取の原資にしたり、さまざまな支払いに充てたりしなければならないため、販売のノウハウや販路の開拓を必死に進めていきました。当時は貸してくれる金融機関はなかったので、資金調達も自力で検討し、事業をつくって売却する新たなビジネスを在庫買取事業のなかに組み込んでいきました。そうして、すべては机上ではなく現場でさまざまな困難にぶつかって、そのたびに、自分たちで解決しようとブラッシュアップしたのです。

私たちが自力で進めたから生まれ、自分の足で歩き、直接人々と会い、じっくり話をしたからこそ、ブラッシュアップできた独自のビジネスモデルです。だからこそわずか5年でニッチ市場とはいえ日本一の事業に育てることができたのだと思います。

第2章

ローカル起業成功の戦略／人材編

理念の発信、お洒落なオフィス、若者が喜ぶ福利厚生……

地方に眠っている若く優秀な人材を発掘する

優秀な人材こそ事業成長のポイント

長崎には人がいない、優秀な若者はどんどん出て行ってしまう。大都市がうらやましい――などという経営者は少なくありません。私も時々地元企業の経営者や先輩に会うと、そのたびに人がいない。人さえいれば、という声を聞かされていました。

しかし県外に就職する人の多くは、できるなら地元で働きたいという意識をもっているのです。長崎県の調査でも、大学生の半数弱が県内の就職を検討するものの、「実際、県内に就職すると思う」と答えるのは3割にとどまり、その理由は「希望する勤め先がない（知らない）から」という回答が突出している、と報告されています（長崎県「長期人口ビジョン」）。つまり、人がいないのではなく、人が就職したいと思う企業がない（知らない）ということであり、私たち経営者の側に問題があるのです。企業側の広報不足こそが問題であり、地元企業として魅力ある存在になっていないということなのです。

私は大都市に行きさえすれば人を集めることができるとは思えず、大都市には大都市の苦労があるのだと思います。大都市には、新しいことにチャレンジしていこうという生きのいい企業はいくらでもあります。当社のような駆け出しの会社は、同じような数多くのベンチャー企業のなかに埋もれてしまって、存在していることすら気づいてもらえない可能性もあります。似たようなベンチャー企業が500社あったとして、当社1社が注目される可能性は、限りなくゼロに近いのです。しかし、地方なら目立つことができます。若くて自由な雰囲気で挑戦できるベンチャー企業が地元にもあると分かれば、なにも大都市に出て行く必要はありません。地元で働こうと思ってもらえるはずです。生まれ育った地元はいいものです。幼い頃からの友達も多く、なじみの店もたくさんあり、物価は安く、食べ物はおいしい。たまには大都市の刺激も欲しくなりますが、それなら遊びに行けばいいのであって、住み続けるとしたら地元が良いと思っている若者は少なくないはずです。だから私は地元でしっかりと存在をアピールしながら大卒の新人社員を獲得しようと思いました。

働き手として地元出身者は魅力的です。自分の力で地元を盛り上げたいと考えている人は少なくありません。おしなべて彼らはすごく純粋で、独りの殻に閉じこもったり、逆にうわべのところだけで付き合ったりするところがありません。素直で人なつこくて、掲げた理念に素直に感動して一緒に頑張りたいと思ってくれる非常に貴重な存在です。

人が大事だというのは起業当初からの私の思いです。いい人間が集まれば必ずいい化学反応が生まれ、会社を成長させます。学生時代に仲間を集めて音楽イベントなどを企画し、盛り上げてきた経験があります。若いメンバーが目標に向かって力を合わせれば社会を動かすことも夢ではないという当時の手応えは、私のなかに熱い思い出として残っています。起業した会社が赤字であろうが黒字であろうが、人は積極的に採ろうと決めていました。最初は安定した事業もなく、明日どうなるかも分からないような状況でした。月末が怖かったのは事実です。請求書はどんどん届き、給料の支払日も近づく……。結局お金が足りなくて自分たち役員が給料なし、ということもありました。しかしそれでも人が欲しいと思いました。若い人間が本気で力を合わせた時の爆発力を、学生時代に知ったからです。事業には人が必要だと私は思いました。だからこそ人は徐々に増やしていきました。――仮に一時期は人件費の負担で苦しいときはあっても、地元の若い人間の存在が会社の成長につながります。

「渋谷にある会社みたい」

地元の好人材の採用のためにまず必要なことは、会社の存在をアピールすることです。地元の会社だからといって学生に存在が知られているかといえば、そうではありません。むしろ学生たちは遠く離れた大都市の情報に精通しているのです。まず広報です。

会社を起業したときの私は、わずか二人の会社で、実績といえるようなものはなにもなかったにもかかわらず、小さなネタを探してニュースリリースを作成し県内の新聞やテレビ、ラジオ局などのメディアに送りました。取り上げられることはほとんどありませんでしたが、根気よく送り続けました。ＳＮＳでの発信も積極的に続けました。会社の正規のホームページにも力を入れ、ＳＮＳでもどんどん発信し、地元にもこんな雰囲気の会社があるのだとアピールを続けました。事業の実績はなくても、若くて楽しそうな会社だというイメージを伝えていったのです。

採用に関する情報も、どの会社も使う大手の就職情報サイトだけでなく、ＳＮＳでメッセージを書いたり、ＳＮＳの広告を使ったりしました。文面も事業内容の細かい説明や職種の紹介はせずに、若いからこそチャレンジできる、同じ働くなら楽しく働こうと呼びかけるようにしました。

もちろん、楽しいといっても楽な仕事を淡々とこなすことではありません。自分が取り組んだことが成果となって返ってくる、失敗して落ち込んだり、逆に成功して喜びに沸いたり、そういうことが仕事の世界には必要であり、それが自分を成長させ、今までにない景色が見えるようになることをアピールしました。私たちはそういう働き方を素直にかっこいいととらえています。だからぜひ私たちの会社に来てください、一緒にやりましょうと呼びかけていきました。

オフィスもおしゃれな雰囲気を意識しました。ビルの中の小さな1室ではダメだと考えて主要な道路に面した一棟建てにこだわりました。野球用品の買取りを始めるようになって借りた2代目オフィスは市中心部で駅のすぐ近くです。東京などではとても高くて借りられないような立地で、こちらではロードサイドの1棟で、多くの人が目にするところをオフィスにすることができました。起業間もない会社が大都市でこれだけのオフィスを構えることはおそらくできません。

2代目のオフィスは、事業が野球関連だったこともあり床をすべて人工芝にして野球場のイメージに仕上げました。さらにネットで囲った場所にバッティングマシンを置いて、実際にボールが打てるようにしたのです。気が向いたら打てるようにし、社内で飲み会などをやる時も、交代で打ったりしながら盛り上がりました。もちろんその様子はSNSにアップして外部に発信しました。若くて楽しそうな会社だというアピールです。

現在は3代目オフィスに移りました。ここも市のいちばんのメインストリートに面しています。2階建てのおしゃれな建物を一棟活用しています。1階は60坪のスペースが二つあり、一方はデスクを並べた執務スペースで、もう一方は真ん中に卓球台を置いた卓球場です。壁沿いには階段状になった観客席も設けました。社内の全体ミーティングや会社説明会もこの観客席を使っています。卓球台は誰でも好きなときに使うことができ、社内イベントなどでも使っています。

2階にはバーがあります。酒やおつまみも会社負担で常備し、午後6時に終業すると多くの従業員が集まってきます。取引先の人を呼んでくることもあります。メインストリート沿いですから目立ちます。時々、取引先の人から「昨日は遅くまで電気がついていたね」「みんないつも遅くまで頑張ってるんだね」などと言われますが私は、2階で酒飲んでるだけですと言って笑っています。その話をきっかけに、当社になぜバーがあり、なぜすべて会社もちで運営しているのか、社員とのコミュニケーションをどう考えているのか、それが社員の一体感の醸成やここぞという時の社員の団結にどういう役割を果たしているのか、といったことを話しています。結果として地元の話題になり、引いては人材採用の後押しにもなってくれるからです。

実際、こんな雰囲気の会社は県内にはなかなかないと思います。従業員からのSNSの発信も頻繁にアップし、それを起点に、事業に直接絡まない多くの人も当社がどういう会社でなにをやっているか、ということを理解してくれます。こちらから声を掛けて集めなくても、いずれは自分も働きたいと思ってくれる学生が生まれます。実際、最近入社した地元の男子学生は、大学1年の時から当社に入ることを目標にしていたと教えてくれました。直接の接点は一度もありませんが、彼は社内のことをよく知っていて、ファンになってくれていたのです。

地元で目立ち、社内の楽しそうな雰囲気を伝え、興味を持ってもらうことは、地元での人材採用に成功するためにまず着手すべき戦略です。今はSNSが発達し、それを活用すればお金を使わなくても情報を拡散していくことができます。

お洒落手当、美容手当、飲み会手当、ランチ手当……福利厚生は強力な武器になる

福利厚生の充実も、地方発ベンチャー企業の重要なポイントです。その内容で会社の顔が見えてくるからです。

当社には、一般的な社会保険や休暇・休業制度に加え、さまざまな手当があります。私は福利厚生を起業間もない頃から意識して充実させてきました。従業員が毎日気持

ちよく、そして前向きな気持ちで働ける会社であることを目指したい、その役に立てばと考えたからです。

当社には、毎月5000円の美容手当（女性従業員向け）と、お洒落手当（男性従業員向け）があります。私自身、独立前に美容業界で働いていたときはジャケットの胸のポケットにいつもチーフを入れていました。私自身おしゃれをすることは好きですし、身だしなみは仕事をする上で非常に重要だと考えています。

ほかにも当社が運営するアパレルショップの洋服を、全員に毎月1着無料で提供することにしました。飲み会手当もあります。これは月額いくらというものではなく、従業員同士の飲み会の費用は会社がすべて負担しています。社内のバーがすべて無料で利用できるのとはまた別にしています。細かい条件や金額の上限なども設けていません。そうした規定をつくったら利用しにくくなってしまいます。使ってもらわなければ手当を支給する意味がないので、とにかく使いやすくと考えました。

お洒落手当同様、この飲み会手当にも私なりの強い思いがありました。

創業当初、何もかもうまくいかなかった時に、孤独感や苦しさでいっぱいになると、副社長と一緒に飲みながら自分達を励ましていました。

飲みながら話をしていると一人じゃないんだなと思えるようになりました。だからこそ会社で働く同僚と、ああでもない、こうでもないと言いながらお酒を飲むことはあながち悪くないと思っています。

社員の人たちも仕事で悩むことがあると思います。そんな時にパーっと飲みに行って切り替える機会になればいいなと思っています。

だから費用は会社がもつということです。飲みニケーションはもう古い、とか、飲み会は不要という人もいます。上司が延々とお説教したり、昔話を自慢げに話したりするような飲み会は確かに迷惑です。しかし、少しだけ酒の力を借りて、腹を割って話す機会は貴重だと私は思っています。そこには昭和も令和もありません。

ランチ手当も設けています。自社SNSを活用した、社内仮想通貨を活用したもので、これを使って外の飲食店で無料でランチが食べられます。社内通貨は日常の業務を通して従業員は誰でも貯めていくことができ、社員間で交換もできます。そのほか家族手当、子ども手当、結婚お祝い金（10万円）、出産お祝い金（10万円）などもあります。

基本給や社会保険関連の費用以外のこうした手当に、当社は従業員1人あたり平均2万円から3万円ぐらいの金額を毎月使っている計算です。これを高いと感じたことはありません。そもそも高い利益率が確保できるように事業を設計しているのは、その分を従業員のコミュニケーションやモチベーションの向上に使って組織をつくっていきたいという考えをもっていたからです。これこそが投資であり、社内のコミュニケーションが豊かになり、高いモチベーションが維持でき、創造性が上がれば大きな意味と価値があります。従業員同士で刺激し合ったり、こんな面白い人がいるのだと学び合ったりすることが、活き活きとした組織づくりにつながるからです。

採用活動の意味でも、効果があると思います。当社に手厚い福利厚生があることは地元で知られており、従業員自身の発信やその友人、家族の口コミなどを通して面接を受けにくる人も少なくありません。採用時の面接で、福利厚生を魅力に感じた、こういう雰囲気の若い会社で自分もチャレンジしたいという応募者はほとんど全員と言っていいくらいです。

こうした採用を続けた結果、起業時には私と副社長の二人だけだった会社は、2年後、まだ主軸とする事業が定まっていない段階でも、営業を中心に10人を超える従業員が集まり、野球用品買取ビジネスを軌道に乗せてからは毎年新卒の大学生を中心に採用を続けました。応募が少ないと頭を抱えたことは一度もありません。現在は81人の従業員を擁しています。女性の割合が多いのが特徴で、従業員の6割を占めています。全体の平均年齢は26歳と若く、男性従業員の平均が29歳、女性従業員が24歳です。

みんな若く、世代も同じだから話が合います。古株社員に嫌みを言われたりすることもありません。普段からよく飲みに行って仲が良いのも特徴です。一緒にゴルフに行ったり釣りに行ったりもしています。ただし、単なる仲良しではなく、その線引きは気を配っていますし、うまくいっていると思っています。

当社は起業当初から地元出身者の採用が中心ですが、最近は大阪や名古屋、東京からの応募もあります。もし私たちの会社が東京にあったら埋もれてしまい、彼らは応募してこなかっただろうと思います。若くてチャレンジングな会社で、しかも長崎にあるからこそ魅力を感じて応募してくれたのです。長崎というローカルだからこそ、さまざまな取り組みができる、魅力のある人が集まっているのではと期待してくれているのだと思います。しかも仕事は全国区で地域に限定されるものではありません。今では顧客が集中している東京に支社もつくりました。

挑戦をやめない若い集団であり続ける

入社後も挑戦を続けていこうというフレッシュな気持ちをもち続けられるように、働き方への配慮や教育には気を配っています。

創業当初のメンバーが文字どおりハングリー精神を発揮して必死になってゼロから事業をつくりあげ、軌道に乗せてきたことに比べて、そのあとに入社した従業員は、すでに事業が安定し、会社が一定の規模に成長した姿を見て、それに魅力を感じて応募し入社してきています。ハングリーであった時代を知らず、必ずしも必死にもがいていた時代に共感があるわけでもありません。すると会社全体のマインドとしても現状を守ることに傾きがちです。

チャレンジしたい人にどんどんチャレンジの機会を与え、営業や新規事業開発といった成果の見えやすい部署だけはなく、広報や総務など組織のどのポジションであっても、目標をもち、自分にしかできない新しいことにチャレンジしていく。そして成果がしっかりと評価され待遇に反映される会社でなければならないと私は思っています。

そのための欠かせない前提は、売上は最終的に返事をもらった営業担当者一人の成果ではなく、会社でその仕組みをつくったり、世のなかに広報したり、事業や会社のブランディングをしたり、従業員一人ひとりが働きやすいように間接部門で仕事をした人がいて、初めて実現したものだということを明確にすることでした。そういうさまざまな条件に支えられて最後の契約が生まれたわけであり、営業担当者一人ではなし得なかったことです。一つの契約も、個人ではなく会社全体で勝ち取ったものだという認識を会社内に浸透させ、一人ひとりが持ち場でチャレンジを続けなければ会社の成長はない。社長と一部の役員、そして営業部隊だけが走り、ほかのメンバーは留守番というようなマインドでは、ベンチャーとしての勢いを維持できないことは明らかです。

会社という組織は、大きな海に入ってみんなで泳いでいるようなものだと思います。常に新しい事業アイデアをもち込んだり、新しい人材を入れたりして、波を立てていかなければならないと思います。いつも同じ波で固定したメンバーが同じことをするだけなら、成長はいと思い、常にかきたてるように波をつくっています。

若いフレッシュな人材が、常に意欲的に成長していける組織にしていこうと思いました。

そのための取り組みの一つが、全員参加のビジネスプランコンテストの開催です。積極的に応募して、全従業員を前にプレゼンテーションの形で意見発表をしてもらい、聞いている人全員がコメントします。全員が日常業務を離れて新規事業アイデアについて議論する機会は、新鮮で非常に貴重です。

管理職の選挙もあります。不定期ですが各ポジションの課長職を公募し、立候補を募っています。

こうした取り組みは組織の活性化のためであると同時に、自分の給与を上げるためのチャレンジにもなります。課長職になれば給与が大きくアップしますから、例えば転職して中途入社してくる人もチャレンジしやすくしています。子どももいて生活費がかかる人には、当選すれば待遇面でのメリットが生まれるのです。

立候補者は従業員に対して自分がどういう考えで会社の事業と従業員の仕事や生活に貢献していくのか、主旨を明確に述べて投票を促します。会社内のエンタテインメントの要素も大きく、卓球場を使った立会演説会も開いてみんなで盛り上げていきます。また県内の人口流出、Uターン希望者の取組みとして、転職者には前職の給与を保障する制度もつくりました。

1DAYイベントと呼ぶものもあります。ある新規事業を実施に移すときに、初日は営業部隊だけでなく間接部門も含めて従業員全員で取り組むのです。営業部隊だけが新規事業をやっているのではなく、会社全体の取り組みだということが明確になり、従業員の一体感も高まります。さらに会社の全員が新規事業の内容を理解することにもつながります。そもそも10人でやるよりも80人でやるほうが、より多くの情報が得られ、事業のブラッシュアップもすばやくできることは明らかです。

チーム対抗にしていて、受注成績の良かった個人の上位者に賞金を出すと同時に、優勝チームには会社のおなじみの焼肉屋で食べ飲み放題という賞品をプレゼントしています。非常に盛り上がる社内イベントです。

地元のベンチャー企業だという点に注目し、自分もチャレンジしながら成長していきたいと思って入社してくる従業員を大きく巻き込みながら、挑戦し続けることができる組織であり続けることが肝心だと私は思います。そのような会社として運営していくことは、私たちとともに夢を実現させたいと、志を抱いて胸を膨らませて入った従業員に対する会社の責任もあります。

第3章

ローカル起業成功の戦略／営業編

地方ベンチャーは泥臭い対面営業が武器になる！

全国のスポーツ用品店を車で回り、
全4000社のうち1年で3000社と取引を結ぶ

対面営業だからこそ気づきと成長がある

地方での起業とビジネス展開のベースになるのは対面営業です。

コロナ禍も一つの契機となり、今セールスの基本はリアルな対面営業からＷｅｂに移り、Ｗｅｂ上での商談、展示会などが当たり前に行われるようになりました。こちらの方が効率がいい、遠方の顧客でも移動時間や交通費を気にせずにアポイントが取れると、歓迎する声が圧倒的です。マーケティングもデジタルを活用したものが主流になりつつあり、自社内にとどまって対面せずに電話やメールで顧客とコミュニケーションを取り、購買意欲を高めていくインサイドセールスという分野が注目を集め、本格的な取り組みを進める企業も少なくありません。そのツールであるマーケティングオートメーション関連ソフトウェアもさまざまなものが提供されるようになっています。Ｗｅｂサイトにアクセスしてきた顧客が、何に興味を示しどのように行動したかを分析し、顧客の興味や課題意識に合わせて適宜情報提供を行い、最終のフィールドセールスによる成約へと結びつけようというものです。今後もデジタルマーケティングへの移行は加速していくと思います。

しかし、地方からの起業や営業で、Ｗｅｂ商談やデジタルマーケティングがメインになることはあり得ません。日頃からインターネットを使いこなしている地元企業や地元商店は少なく、モバイル端末の操作にも慣れていません。そもそも狭い商圏に一緒にいるのに、なぜ足を運ばないのか、Ｗｅｂに頼ればかえって不信を招きます。地方では対面営業こそ営業の王道であり続けています。そしてそれこそが、ベンチャーの起業に大きなチャンスを与えてくれるものです。

Ｗｅｂは、すでにある目的を持ち解決したい課題を持っている人の世界です。知りたいこと、見たいもの、手に入れたいものが明らかな人が、その目的の下に集まります。その人にとっては非常に便利です。

ところが、これまで誰も思いつかなかったようなビジネスは、目的を持って集まる人の間からは生まれません。課題が明瞭なら答えも明瞭であり、いくつかのバリエーションがあるに過ぎません。本当に新しいビジネスモデルやイノベーションは、課題や目的がすでに見えている世界からではなく、それが見通せていないところからしか生まれないのです。

人と人がリアルに対面する世界では、あらゆる情報が交換されます。ある目的を持った面談であっても、本題を外れた短い雑談のなかや相手の仕草や表情、突然割り込んできた電話や来訪者、そのときたまたまスイッチが入っていたテレビやラジオからの情報……あらゆるものをきっかけに膨大な情報がやりとりされます。そこにこそ思いがけない気づきや発見があります。目的を持ったメールのやりとりを何十回繰り返しても、この「脱線」も「意外性」も現れません。

地方では対面するところからすべてが始まります。スタートアップ段階では、対面営業を回避することは難しいと思います。だからこそ、新たなビジネスの発見と発展があります。対面の場からいかに豊富な情報を引き出し、ビジネスにつなげるのかが、地方営業の最重要の戦略です。

対面営業へのこだわり

スポーツ用品店のグラブ買取に始まった、法人の在庫一括買取ビジネスは、在庫の全量を迅速に現金買取できること、そしてブランドを守るための販路の選択や指定が可能であることが大きな魅力になり、事業としても一気にブレイクすることができました。

私がＬＥＤ照明事業で飛び込んだ長崎のスポーツ用品店で30万円の買い物をしてからでみても、わずか2年で、全国４０００店のスポーツ店のうち３０００店と取引し、その後、ロードバイクさらにアパレルなどへと在庫買取の対象業種を拡大してきました。取引先の法人は５０００社を超え、年間の買取点数は約５００万点、取扱高は３０８億円を超えるまでになり、法人在庫買取事業はわずか5年で業界トップクラスになりました。

このビジネスモデルは、長崎という一地方だからこそ、つくりあげることができたと私は自負しています。

事業として成功する大きな武器になったのは、じっくりと個人店舗の店主と話し合える、泥臭い対面営業を展開できたことです。そもそも型落ちのグラブが不動在庫になって新製品が仕入れられないという個人商店の切実な悩みは、実際に店舗に入り、ゆっくり話をしなければ実情はつかめなかったと思います。

私が長崎で対面営業を始めた際に最初に話題にしていたのはLED照明への切り替えです。当時は事前に電話などのアポイントを取らずに飛び込むスタイルでした。事前に電話をしたら、すぐ相手から結構ですと断られることは目に見えていて、その瞬間に訪問の可能性が閉ざされてしまいます。事前に連絡して許可がもらえる可能性は非常に低いです。会うために飛び込みにしました。仮に訪問して相手が留守でも、何時頃戻るかを聞いて出直すことができます。1回店に入っているので、なんとなく店の繁盛具合や販売への熱の入れ方も分かり、再訪の時に役に立ちます。

話の合間に店を見回し、気になったことを口にすることもできました。照明や電気代とはなんの関係もないグラブの在庫の話ができ、一つひとつ陳列棚からおろして、手に取って自分ではめてみたり、眺めてみたりもできました。そのうちにいつの間にか、よかったらこれ、今すぐ買って帰りますけどと聞いてみると、店主は、ああいいよ。みんな持っていって、と応じてくれるというやりとりになったのも、長崎の街のスポーツ用品店だったからだと思います。

それは当時の私たちがもっていた対面営業へのこだわりが生んだものかもしれません。

起業してすぐに取り組んだイベント事業がまったくうまくいかず、なけなしの60万円もあっという間になくなって、食うや食わずになっていた私が決断したのは、イベント企画など不慣れなことは止めて、得意な営業に戻って食いつなぐことでした。美容商材卸の会社に勤めていたときから、私は対面でのセールスが得意だと感じていました。

店舗を訪問してのセールスは、相手が忙しいので開店前か閉店後のわずかな時間にポイントを抑えた提案をして、1回だけのチャンスでなんらかの返事をもらわなければなりません。同じ話で何度も通うことなどあり得ないのです。相手の反応を見ながら、どこで引っかかっているのか、なにをクリアすればいいのか、追加で提案できることはないかなど、その場の短時間のコミュニケーションに全力を注ぎ、臨機応変に対応します。ルートセールスではなく飛び込み営業になれば、その1回がすべてで次はありません。そんな対面営業が私は好きでした。

飛び込み営業は、営業先に入るときに勇気がいる面もあり、当社の中でも苦手な人がいたのは事実です。

しかし自分達のサービスに自信を持って、お客様のためになると心から思ってのぞむと、不思議なことにスムーズにできました。

また、サービスの紹介だけをするのではなく、相手にとって有益な情報を整理した資料を持っていくことも行っていました。そのため、営業の導入としてはやりやすかったのかもしれません。

このときの影響からか、今では私もさまざまな情報を提供してくださる取引先の方と話をするのを楽しく感じることができます。

また、一緒に起業した副社長は私と夜中まで営業役と顧客役に分かれて二人で対面営業のやり方をロールプレイング方式で模擬練習を重ねました。もっと受注が獲得できるようにと、営業トークに自信があった私が、マンツーマンで副社長に教える形で夜中に二人で練習を重ねました。今では考えられませんが当時はまだあまり得意ではなかったセールスが上達するようにと一生懸命努力しました。準備万端とはいえませんでしたが、私たちはまずＬＥＤ照明の代理店事業を飛び込みで進めることにしたのです。

とにかく走りながら、ブラッシュアップ

私が最初にスタートさせたグラブの全量買取方式は、営業で飛び込んだ先のほぼその場で思いついて走りだしたビジネスモデルです。当然、穴だらけでした。普通の人なら1軒目の店で買取のアイデアが湧いても、もしかしたら全部買取できるかもしれません、一両日中にはご連絡します、などと言って引き上げ、もう一度会社のホワイトボードや大きな模造紙に向かって考えを詰めるのではないかと思います。確かに、このビジネスモデルで見落としていることはないか、細部をどう設計するのか、商法

上の問題はないか、競合会社はいないか、類似のビジネスは存在するのか、リスクはどこにあるか、どういうシステムを組み、どんな体制で取り組むか、損益分岐点はどこで、いつ単年度黒字にするのか……検討すべき事柄は山のようにあります。もちろん、私たちも山のような事柄の検討を行いました。

しかし、私はそれ以上にとにかく今すぐに走り始めるべきだと思いました。性格がせっかちだということもあります。また、1日空けたら店主の気が変わってしまう不安があったことも事実です。だからその場で買い取り、翌日も買い取りに出て、後のことは走りながら考えようと思いました。実際、一夜の思いつきのようなビジネスモデルは、それからどんどん洗練されていきました。落ち着いて机の前で考えたからではなく、買取に店舗を訪問して店主と話し続けたからこそ分かったことがいろいろあり、私はそのたびにビジネスモデルを変えていきました。

買取については、査定が生命線であることはいうまでもありません。高く買い取ってしまったら想定する粗利が確保できないからです。もちろん店側は高ければ高いほど良いので、双方の思いは相反しています。実際、買取を始めた当初は高く買い過ぎてまったく利益が出ない失敗もありました。査定価格の折り合いがつかないときには、「人気商品だけでなく、かなり古くて再販売が難しそうなものもすべて即刻現金で購入する」ことの店にとっての価値を伝え、またグラブだけでなく、バットやウェアなど野球関連商品も買い取ることで不動在庫問題の根本的な解決に貢献するという私たちの姿勢と提供価値を伝えました。それでも高い買取価格にこだわる店主には、実際の再販売の相場がどれくらいなのか、具体的な数字を示して納得してもらうようにしました。そのため販売についてはどのメーカーのいつの製品がいくらで売れたかを細かくデータベース化して、明快な説明ができるようにしました。もちろんこのデータベースは私以外の誰が査定しても妥当な買取価格が提示でき、従業員向けのツールとしても有効でした。

買い取ったグラブの販売についても工夫を重ねました。写真の撮り方一つで印象が大きく異なることも学び、私は購入希望者はどこが見たいのか、どの部分を撮影すれば商品情報として伝わりやすいかという視点で、写真の撮り方や情報提供の仕方を工夫していきました。販売実績が上がるにつれ、商品を受け取った購入者から「思ったより日焼けがしていた」「写真では分からなかった汚れがある」といった問い合わせやクレームが返ってくることもありました。そこで販売後の電話受付などサポート体制を充実させました。

在庫の全量を買い取っているため、どうしても売れ残ってしまう不人気な商品も存在します。売れ残り品をいつまでも抱えているわけにはいきません。そこでセット販売を企画、10個まとめていくらといった売り方も工夫しました。バットがたまってしまったときはバッティングセンター向けに数をまとめて販売しました。このビジネスモデルは買い取った私たちが在庫を滞留させたら成立しません。再販商品の価格は正規の流通ルートで販売される新品に比べて、価格の変動が非常に早い特徴があります。これも実際に販売を進めるなかで知ったことでした。マーケットに出せば類似品とのオープンな比較になるので1日経っただけで価格は下落します。3日、さらに1週間も経過したら価格は劇的に下がってしまうのです。倉庫代もバカになりません。いかにすばやく売るかは、このビジネスモデルの生命線でした。

2万円で買い取ったものを5万円で売りたい。しかし4万円なら今すぐ買うという相手しかいなかったら、すぐに4万円で売る判断をします。じっくりと「まさにこれが欲しかった。5万円で買う」という人が現れるまで探して売る考え方もありますが、私たちのビジネスモデルは、すぐ売れる価格で、すばやく売るものです。その価格を前提に買取の査定をします。いつか売れるかも分からない理想的な価格を前提に、保管しながら買い手をゆっくり探す選択肢はありませんでした。これもビジネスモデルの重要なポイントでした。5万円の顧客を探しているうちに、4万円で売れたものが3万円、2万円と下がっていく可能性も大きく、時間が経てば経つほど利益は下がっていくと考えておかなければならないのです。即金で買い取り、すぐに売って現金化する――このサイクルを堅持することがビジネスの最大化につながるのです。

データベースの拡充で査定の精度を高め、すばやく売るためのさまざまな販路を開拓し、ネット上での商品の見せ方の工夫やセット販売などの企画、カスタマーサポート体制も確立するなど、当社は走りながらビジネスモデルの細部をブラッシュアップし続けました。ヒントはすべて対面での営業場面や実際の購入希望者の反応、実勢価格のデータなどからで、机上の検討で浮かび上がったものはほとんどありません。

現場で転がりだしたビジネスモデル

飛び込みの対面営業は限られた時間内の、その場でのやりとりがすべてです。今日はとりあえず商品の紹介です、また後日来ます、などということはあり得ません。相手は忙しいし、来てくれと言ってくれているわけでもないので、ワンチャンスをものにしなければなりません。逃げ場がない、ごまかしが利かない、真剣勝負です。顧客が受け入れてくれそうな結論を示し、なんらかの形で約束しなければなりません。私がひょんなことから話題にあがった型落ちグラブの話を、ＬＥＤ照明の提案そっちのけでビジネスの話にまとめ、さらに、その日のうちに現金で買い取ってしまったのも、その瞬間を逃したらもうチャンスはないと思っていたからです。１回きりの対面営業だからこそつくりあげることができたビジネスモデルでした。

後に、この事業アイデアをビジネスコンテストやアクセラレータプログラムのプレゼンテーションで発表し、運良くグランプリを取り、事業化に向けて金融機関の融資部や民間の新事業開発のコンサルタントなどと検討に入ったとします。おそらく私のアイデアは突っ込みどころ満載だろうと思いますので、事業化は実現しなかったでしょう。見込み客へのアプローチについて、有効な探客手段もなく、査定のノウハウもシステムもないのです。販路もインターネットの一択、しかもサイトとしての工夫も広告戦略もないのですから、例えばアイデアはおもしろいが本格的な事業化までには越えなければならないハードルがたくさんある、などと指摘され、延々と検討が続くことになったと思います。グランプリの賞金や新規融資によってお金だけはあり、まもなくブラッシュアップされたビジネスモデルができても、遅かったと思います。そして、新事業はすぐに行き詰まったに違いないと思います。

確かに私はスタートは拙速でも、とにかく走り出さなければ課題も見えてこないと思っていました。私はその後も、飛び込みで対面してスポーツ用品店のオーナー一人ひとりに提案し続けました。ベンチャー企業が考えたビジネスモデルは、走りながら現場でどんどんブラッシュアップしていかなければならないと思います。

例えば私は、2件目以降の買取の現場で、今の買取金額はこれですが、もし知り合いの店を3店舗紹介していただけたら20%アップしますなどと提案しました。文字どおりその場の思いつきで、それが予想以上に好評だったので次の店舗から提案のメニューに加えました。

訪問を続けたからこそ各店舗の現場を回らなければ分からない実情をつかむことができました。意外にウェアの買取要望が多かったこともその一つです。それがのちのアパレルへの展開につながり、法人企業の在庫買取へと事業を一気にスケールさせるきかっけになりました。在庫を整理して最新モデルを仕入れたけれど、やっぱり客が来ないという悩みが各店にあることも、グラブ以外の在庫品を買い取りに行ったときに知ったことです。ここから加盟店ビジネスへの広がりが生まれたのです。

1軒か2軒の買取で、これはいけるという感触を得たあとは、通常なら、詳細な業務フローを仕上げ、インターネット上にプラットフォームをつくって効率的な買取と販売ができるようにする、さらに広告で認知度を高め、ものが送られてくるのを待つ、というのが、一般的なビジネスだと思います。しかし、当社がもしそれをやっていたら、紹介による買取代金の上乗せも加盟店システムもアパレルへの展開も、構想できなかったと思います。実際にコツコツと対面営業を続けて現場の店舗に行き続けたからこそ、隠れていたニーズを知ったり、スポーツ用品店の横のつながりの強さを実感したり、それを買取代金交渉に絡めて紹介による買取額アップを思いつくことができたのです。このような広がりはいくら買取サイトを宣伝しても、得ることはできなかったと思います。例えば「野球用品買取ます」などとインターネットでアピールしても、地方の個人店主には届かないかもしれません。ダイレクトメールを出し、不要品を段ボールに入れて送ってください、査定して現金を振り込みますといっても、送られてくればいいほうで、それもせいぜい1点2点止まりだと思います。対面で話し込んだからこそ見えたニーズがあり、その場ですぐに現金でやりとりするから信用してもらい、在庫を全部任せてもらえたのです。実際私は長崎でうまくいったときも、あとは全国にDMを出して送りつけてもらえばいいなどとはまったく思いませんでした。一軒一軒を自分の足で訪ねようと思いました。

ベンチャー企業が走りだすときに構想していたビジネスモデルは、いずれにしてもそのままでは未成熟です。その後も継続的にブラッシュアップしていかなければなりません。最初の形のままで走っても大きな成功は望めません。しかし、事業効率を考えてシステム化を急ぐばかりではブラッシュアップのヒントを得るチャンスを逃してしまうと私は思います。長崎県だけでなく、中部、関東、東北、さらには北海道まで、1軒1軒を自分の足で訪ねて、私たちの顔を見せ、私たちがどういう思いでこの事業を進めているか、どんな価値を各店にもたらすことができるのかをきちんと説明して歩いてきたことが、買取量の拡大とビジネスモデルのブラッシュアップにつながり、事業の急速な拡大につながったのだと私は確信しています。

個から組織への転換を図る

創業当初、特に野球グラブの買取ビジネスを始めたときは、私自身も役員クラスにしか買取はできない、自分が営業の最前線で駆け回るのがいちばん手っ取り早く売上をつくる方法だと思っていました。実際、ほかの社員を現場に送ってもうまく買い取れなかったり、高く買ってしまったりすることがありました。もちろん、入社間もない従業員には任せられません。私は進んで先頭に立ち、全国どこにでも出向いて買取を進め、売上の基となる在庫品を獲得していきました。それはある面では気持ちが良く、楽しいことでした。

しかし、考えてみれば私が買い取れるのは当たり前です。私は社長ですから自分の判断で多少の冒険もできます。従業員に私と同じような判断が下せるはずはありません。しかも、私が行けば買取の成功率が高いからといって、全部を私が回ることはそもそも不可能です。私にはどんなに頑張っても週に50時間くらいしか動くことはできません。それではこの事業は絶対に規模を拡大していくことはできません。私の時間の限界が事業の限界になってしまいます。新たな担い手も育ちません。ビジネスの開始当初こそ、すばやくたくさん買い取ることが必要であり、買取を進めながらビジネスモデルをどんどんブラッシュアップして完成度を高めることが必要です。そのフェーズでは対面営業が必須であり、私自身が先頭に立たなければならないという判断は正しかったと今振り返ってみても思います。しかし、ある程度ビジネスの形が見えてきたら、誰でも買い取れるようにしてシステムに託せるところは託し、事業の担い手を個人から組織へと転換しなければ会社の成長は頭打ちになってしまいます。個人がもつ販売力や営業力はあくまでも属人的なものです。同じ人間を育てることは不可能であり、自分がやったほうがうまくいくと現場に居続けたら、事業も会社も成長が止まります。しかし、私が1週間にできる50時間分の仕事をもし50人で取り組めば、単純に計算すれば2500時間分の仕事になるのです。

私は、不動在庫全量一括現金買取と、販路指定可能というビジネスモデルの基本を維持しながら、私自身だけでなく、会社の人間が店舗や企業を直接訪問することを止めることにしました。会社の成長とともに新しく加わる従業員も増えていき、女性の比率が高くなっていったことも全国出張を継続するのが難しいと判断した理由の一つになりました。

当社はインターネットでの買取申し込み・無料査定、買取金額の合意後の着払いでの荷物発送、荷物受領と現金の振り込みという流れにして、すべてをシステム化しました。会社規模の大きな法人との最初の交渉などには役員をはじめ営業担当者が出向くものの、それ以外は全国を巡って対面営業をすることを止めました。対面営業そのものを否定したのではありません。対面営業を最優先させ自分の足で全国を回りながらビジネスモデルを育ててきたからこそ、今ならできると思いました。

そもそも経営者が現場を面白がっていつまでも現場で仕事をし続けたら、事業も組織も大きくなりません。実際、私自身が先頭で全国を回りグラブの買取をしていた当初は最も利益が低かったのです。自分の役割（経営）をこれからは全うしなくてはと思いました。

買取申し込みの獲得は従来の足を使った営業から、インターネットのホームページとインサイドセールスに移行しました。直接訪問を止めることで一時期買取量が減ることは覚悟しました。それでも、足で回り続けるのは限界があるのです。広報やインターネット広告に力を入れました。ホームページを充実させるためのリニューアルは、当初、外注を考えたのですが、問い合わせると完成までに半年かかると言われ、びっくりして社内で制作することにしました。半年もの時間感覚は当社ではとても受け入れられません。ネット広告の展開も代理店を挟まずに自分たちで進めることにしました。反響の低いキーワードなどはどんどん入れ替えたい、機動的に進めるには自分たちで直接やるに越したことはないと思ったからです。

もともと私は、事業展開に関わるすべては、よほど専門的な知識を必要とするもの以外は自力でやるべきだと思っています。自分たちには分からないこと、できないことを増やしてしまうと、以後は外部に頼るしかなく、時間もコストも自分ではコントロールが効かないものとなってしまい、事業の成長のスピードや拡大範囲をどんどん狭めてしまいます。自分たちで手掛ければ、最初は大変でもノウハウはすべて手元に蓄積され大きな財産になります。仮に外注する時も丸投げにはならず、確実にコントロールでき費用も最小限に抑えることができます。

全国出張の対面営業に代わる広報・広告を通したインターネットサイトへの集客戦略は成功でした。すでに当社は野球用品というニッチな世界で新たなビジネスモデルを確立してきました。しかも世のなかのモッタイナイを価値に変えるという時代の要請に正面から応える事業内容から、会社も事業も話題性・将来性は十分という評価が広がってきました。取材申し込みは多くなり、こちらからも積極的にアプローチして、マスコミへの露出も一気に増やしました。それが力になり、直接訪問からインターネットサイトでの待ち受けになっても買取に関する問い合わせや契約が減少したのはほんの一時期で、すぐに右肩上がりの上昇曲線に戻りました。事業取り組み初期のさまざまな反省もシステムに反映させていたので、問い合わせへの対応に始まり、聞き取るべき情報、査定のノウハウ、荷物の受領と指定口座への振り込み、販売セクションへのバトンタッチまで、スムーズに日々の仕事が回せるようになりました。

第2フェーズのビジネスは分業性で専門性を高める

対面営業から、インターネットをベースにした営業へ、という展開の背景にあったのは、もう一人では回れないとか、女性従業員に出張は頼めないといった物理的な出張人員不足が大きく影響したのではありません。確かにきっかけの一つではあったのですが、私が考えたのは、在庫買取ビジネスの第1フェーズは終わった。次の成長のためには第2のフェーズに移るときだという判断でした。

出張による対面営業からインターネットでの集客に変えつつ、業務のフローを改めて整理し、明確な分業制を敷くことで量産できる体制をつくることにしました。組織として取り組み、全員の力で成果を積み上げていくビジネスモデルに変えるということです。それを3年ぐらい掛けて完成させようと思いました。

私は、整理した業務フローに合わせて分業のチーム分けを推進しました。

▽広報や広告宣伝にあたる

▽インターネットサイトを充実させ、訪問客を分析しつつインサイドセールスを展開する

▽セールスで最終的に契約を締結する

▽各段階で必要な資料や契約書類を用意し管理する

▽配送や保管を担当する

などに分けて、それぞれに適性のある従業員の見極めと配置、新規採用などを進めました。

従来は営業担当の個々人が顧客へのアポイントを取り、商談を重ねて提案をして契約に赴き、その後は配送関係の手配を行う、といった業務を一人で担っていました。そのため処理できる案件数に限界もありました。分業制にすることで処理件数が増え

たのはもちろん、一つひとつの業務の質が高くなり、担当チームごとに今まで以上に詳細なノウハウを蓄積することができるようになりました。一人がなんでもやっている初期のスタイルでは到底期待できなかったことです。分業制を導入したことによって会社全体としても対応できる件数を拡大することができただけでなく、ビジネスの成熟度も高めました。

分業制の効果だと感じた実例の一つに、ある男性の営業担当者の活躍があります。新卒で入ったばかりのその男性は営業を志望していました。私は当初まだ彼には無理だと思いつつ、試しに思い切って営業に出しました。すると経験を積みながらどんどん買取の契約が取れるようになって、2年目で早くも2億円、3億円と高額の営業実績を残せるようになりました。もちろん本人の力も努力もありますが、根本にあるのは会社が属人的な営業を脱することができているということなのだと私は思います。サービス力、広報や広告・宣伝の力、システムの力、顧客サポート窓口の努力、さらに社内の教育・研修制度の充実など、すべての要素が一つになって新人社員の男性営業を支えていくことができたから結果につながったのだと思います。

分業を〝分割〟にしない理念とミッション

ただし、分業制には危険な面もあります。目の前の自分の仕事だけに目を奪われ、自分の仕事が会社の業務全体のなかでどういう位置づけにあるのかが見えなくなることが往々にしてあるからです。その結果、自分の担当するチームの範囲内の業務さえうまくいけば良いといった縄張り意識を生んで、個々人の作業に慣れてしまいマンネリ化や士気の低下が発生しかねません。分業が縦割りを生み組織を分断しかねないとは思います。

分業だからといって各工程を自己完結させたら失敗すると私は思いました。分業しつつも縦割りにせず、それぞれが全体に占める自分の位置と役割を自覚して連携しながら取り組んでいかなければなりません。

常に全体の流れが見えるようにしたり、チーム間の交流を意識的に進めたりしてみました。また、誰もがこの事業の社会的な提供価値を意識し、それを誇りに感じながら仕事をしていけるように気を配りました。

在庫全量買取の背景にある思想を、社員がそれぞれの頭でよく理解することが大切だと考えました。つまり、不動在庫という、言わば死蔵されていた社会的資源を、本来必要とする人に結びつけることによって価値あるものとして活かすこと、それによって企業は負の資産をすべて解消し新たな成長の道に進み、もう一方で消費者は必要としていたものを安価に手に入れ生活の向上を図ることができる――これをしっかりと言語化して社員一人ひとりが誰でも語れるようにすることを目指しました。その一環として改めて明確にしたのが、企業理念、ミッション、行動方針、そしてビジネスコンセプトです。全従業員で共有することによって、それぞれが担う部分の責任を意識してもらい、分業が分断にならないよう心がけていきました。

企業理念は「ATARIMAEを疑うコトで新たなコトを誕生させる」と定めました。

当社はモノづくりをするわけではありません。魅力あるモノをつくって提供することは価値がありますが、同様に、当たり前として顧みられることのなかったもののなかから、新しいコトを生みだしていく仕事も大きな社会的価値がある活動であり、その担い手でありたいと思っています。今ある日常が本当に当たり前なのか、それを常に疑いながら新しいコトを誕生させるというのが、私たちが会社を経営していくうえでの基本姿勢です。

その下で私たちは「モッタイナイを笑顔（価値）に変える」という会社としての使命を担っています。

つくられたモノが大量に在庫として残され、メーカーや小売店で滞留し、やがて捨てられ焼却処分されてしまう――毎日、私たちの目の前で、当たり前に繰り返されている日常の景色です。今日も目の前をゴミ収集車が走り抜けていきます。しかしこれは非常にもったいないことです。生産や輸送のために費やされた資源やエネルギーはすべて無駄になるだけでなく、処分のために新たなエネルギーが必要になり、さらに焼却に伴ってCO２が排出され、地球温暖化を促進してしまいます。

旧型であるということやデザインが古いというだけで、モノとしての機能を十分に備えたものであれば、それを必要としている人もいるはずです。また、モノだけでなく、事業やサービスについても、利益が出ない、担い手がいないといったさまざまな理由で中止されたり廃止されてしまったりするものが少なくありません。それらについても、自分ならできる、少し変えて伸ばしたい、と思っている人につなげば、なくならずに済む可能性はあります。モノや事業、サービスについてマーケットを拡げて、従来届けられなかった人に届け、活用できる人につなぐことによって、それらに新たな価値を付与し、利用する人の笑顔をつくることが私たちの社会的な使命です。さらにそれを、SPEED、SMART、SHAREを行動方針として、従業員全員の力で実行することにしています。決断を先送りにしたり、会議の結論を次回に持ち越したりすることなく、スピーディーに処理すること。いつまでも悩んでいるより、すぐトライして、失敗したらそれをノウハウにしてやり直せばいいというのが私たちの考え方です。早く失敗し早く教訓化してやり直したほうが成長は早いのです。しかもそれを、スマートに、つまり賢くそして常に情報をシェアしながら進めていこうと考えています。

さらに当社がすべてのビジネスの基本となるコンセプトとして掲げているのが「ローカル×モッタイナイ」というスローガンです。まさに野球用品買取事業は、このコンセプトから生まれたものでした。グローバルで次々と新しいものを消費していくマーケットには存在しないコンセプトです。

こうして企業理念やミッション、行動方針そしてビジネスコンセプトを確認しながら、私たちはその下で一体になりながら、それぞれのパートの仕事を進めていくことを改めて確認しました。

さまざまな機会をとらえて理念の浸透を図る

積極的な広報活動により、マスコミが当社の理念や仕事の価値を大きく報道してくれたことも、従業員が改めて自社を振り返るきっかけになりました。家族や友人から、テレビ見たよ、いいことしてるねなどと声を掛けられたり、事業のことを詳しく聞かれたりする機会が従業員には増えたようです。改めて自分の言葉で話したりすることを通して従業員の会社への理解がさらに深まっていったと思います。例えば私が一方的に語るだけでは、その言葉は従業員のふに落ちないと思います。自分の言葉で内発的に語るときこそ初めて言葉は血となり肉となっていくのだと思います。その意味では、マスコミの報道やテレビコマーシャルも、従業員に気づきを促し、従業員に会社の理念やビジョンへの理解を広めるインナーブランディングの一手段として価値をもっていたと思います。

また、私をはじめとするマネジメント層も、仕事はなんのためのものなのか、社会的な提供価値はどこにあるのか、ということを折に触れて話すようにしていきました。例えば従業員同士の飲み会の席に私が出る時は、気楽な飲み会ですから、お酒がまずくなるような説教じみた話の仕方はしませんが、さまざまな機会をとらえて、分業化に伴って生まれそうな悪しき意識を払拭していくことはマネジメント層の大きな役割だと考えています。

ある時、内定者が正式の入社前に業務体験をした日の終業後、若手従業員が数人集まりました。一緒に来ていた内定者の口から「今日はずっとお客様へのメール送信の仕事で、午後になると少し集中力が切れました」と正直な感想が漏れたのです。ここに対しても会社としての目的をきちんと伝えました。またこれをほったらかしにするのではなく仕組みに取り入れました。

同じ内容をひたすら送るフォームセールスについてはＡＩによる自動送信に切り替え、その社員にはお客様から返信があったメールに対応する部門に配置転換しました。この部門では、自分でお客様のニーズを捉えながら適切な文章を自分で考えて返信する必要があります。お客様によってニーズがそれぞれ違うため、自社のサービスやその目的を理解していないとよい仕事はできません。この仕事を通じて、入社するまでのあいだに知識を蓄積することにも繋がると思いました。

もちろん甘やかして配置転換したのではなく、配置転換の意図を理解させた上で会社も変化することによって前に進むことができると思いました。日頃の業務のなかで、本来の目的を決して忘れてはいけないと思います。

その次元で業務をやって欲しくないという思いもあり、常に変化をさせています。

若い社員と内定者たちには、集中している、していないという次元でこの仕事を語ることはそもそもできないと思う、と話しました。

営業目標の実現は全員の力であることを評価に反映

組織の力で売上を確保する体制づくりと並行して、従業員一人ひとりの業績評価に連動した処遇についても透明度を高め不公平感が出ないようにしました。あのセクションは待遇が低いから異動したくないとか、逆に、あのセクションに移れば賞与が多くなるので行きたいとか、本来はどの業務も同じ価値を持っているはずでありながら、特定の業務が人気になり、組織の一体感を損なうような事態に陥ってしまわないようにするためです。

実際、従来の人事評価や賞与は売上数字を積み上げる営業スタッフに手厚い面がありました。営業は特別といった意識も従業員の間で芽生えていました。しかし、会社として次の新たなフェーズに進んだのですから、もう営業スタッフだけの販売力に頼り切った事業展開で成り立っているわけではありません。最後に契約書にサインをもらうのは、現場の営業担当者であっても、広報や広告宣伝活動が当社とその事業を世のなかにより広く知ってもらう役割を果たしているからこそ契約もスムーズに進むのです。同じような意味で、受注システムの構築、さまざまな問い合わせへの対応、買取品の販売、さらには管理部門で従業員の働きやすい環境づくりなど、従業員それぞれの業務が一つの力になることで売上が伸びているのです。各チームの業績への評価も、人事評価制度や賞与も、それにふさわしいものでなければなりません。

当社では、営業偏重の評価では本当の分業は生まれないと思い、新たな業績評価のルールや評価制度をつくりました。

業績については売上数字を残した営業だけが評価されるのではなく、それぞれの部署で定量的に評価できる目標を定め、その達成度合いをみるようにしました。例えば広報であれば、プレスリリースを何回出し、そのうち何回記事に取り上げられ、テレビ取材は何回あったか、広告部門なら、ページビューの数やクリック数、ROASと呼ばれる広告費用の回収率などといったことです。さらにインサイドセールスならコール数やメール件数、営業なら商談数や成約数といったことを評価の対象にしました。部署によってあらかじめ評価に差がつけられるのではなく、各部署の目標に応じた達成度を評価しています。

人事評価制度については、新たに作成した職能要件書をベースに設計しました。業務の種別にいっさい関係なく、組織の構成メンバーとしてそれぞれがどのような能力を発揮すべきか、階層に合わせて細かく定めたもので内容は非常に具体的で、職種横断でフラットであるだけでなく、評価の透明性を保証する役割も果たしています。

例えば上司が、この部下は頑張っているとか、前向きだといった抽象的な印象だけで評価していたら、部下はとにかくそう見えるように振る舞うことばかりを優先することになりかねません。現在の自分に求められていることはなんなのか、その点で自分はどこができていて、どこができていないのか、ということを具体的に知ることができません。上司も部下をどう育てていくのか、どこを伸ばし、どこを変えていくべきなのか、目標を立てて計画的に指導することはできず、人も組織も育たないと思います。

職能要件書では1から7までの資格等級に分け、それぞれに求められる資格要件（資格認定基準）を、参考項目も例示しながら具体的に示しています。1から4等級までは一般職、5と6が管理監督職、7が役員です。各資格等級にはその人が担う役職も例示しました。

資格要件1「会社にしっかり馴染もうとしている。日常的な業務を問題なくこなせる。自分の会社での役割を理解している。先輩から貪欲に学ぼうとする姿勢がある（専門知識の獲得意欲、定型業務の把握、人間性、役割認識力、目標意識）」

資格要件2「上司の指示の下に自分の業務を責任持って遂行できる。会社の理念や行動方針などをしっかり理解している。部下、後輩に対して会社の方針を理解して向き合っている（実務能力、専門知識の獲得意欲、頼らない力、現状把握力、提案力、情報収集力）」［リーダー、店長］

資格要件3「会社の考えを理解してどんな業務でも嫌な顔をすることなくやり遂げる事が出来る。会社全体の成長を考えた行動をしている。部下に対する指導がしっかり出来る。パワータイプである（専門知識、技術力、応用力、責任感、情報収集力、ホ

ウレンソウ、提案力〉」［主任、店長］

資格要件４「数字に対する責任をしっかり持って行動している。自分の担当部署での成果を理解している。部署でのリーダーとしての意識を持ち、部下を指導しつつ業務を遂行できる。現場責任者としてチームの管理が出来る。部下に仕事を通じて尊敬されている〈高度な専門知識、技術力、他部門との連携、リーダーシップ、指導力、現場監督力、タスク管理〉」［課長、主任］

資格要件５「成果の重要性を理解している。またそこに向けた行動が出来ている。事業に関して改善が出来る。自分だけでなく部下にも成果を求め、出させる事が出来る。会社の方針、方向性などを部下にしっかり話が出来る。上司、部下から仕事を通じて信頼されている〈部門目標の理解と実践、高度な専門知識、技術力、管理能力、プロジェクトの推進力、チームをまとめる力、社内外との連携、指導力、見積書作成〈タスク中心〉〉」［執行役員、部長代理、課長］

資格要件6「どんな部署においても成果を出すことが出来る。決算書や損益計算書など会社経営における数字を理解できていて、対策を考えられることや得意先に理解したうえで提案できる。会社の発展に向けた投資を検討できる。部下を叱るだけでなく会社のために頑張ってもらえるようにしっかり向き合うことができる。成果主義者である。シンプルに成長のための意思決定が出来る（部門方針の遂行、役割の認識、責任感、視野の広さ、課題抽出力、問題解決力、企画力、指導力、社員コスト管理、見積書作成）［執行役員、部長］

資格要件7「役員ガイドラインを理解して実行できている（経営方針の理解、部門方針の立案、視野の広さ、成果を確実に出す力、組織統率力、複雑な案件への対応力、判断力、指導力）」［取締役］

このように資格要件を細かく定め、これに基づいて上司が部下をAからEまで5段階で評価し、評価される本人も同様に自己評価をします。その内容については一対一の面談で付き合わせ、食い違いがあれば話し合いをして、最終的な評価を確定し、評価が賞与や給料の基準になります。資格等級7のAが最も高い評価ということです。

賞与は現在年に3回支給しています。毎回、給料の1カ月分は全員に最低保証し、評価に応じ加算していきます。また、この加算とは別に、上司には最大50万円の加算枠を与えています。先の評価で見えてこない部分について、上司の判断で上乗せしていくことができます。

入社からあまり年数が経っていない20代の社員で、1回100万円を超える賞与を手にした従業員もいます。長崎の企業としては非常に給与水準の高い会社になっていて、しかも、その基準は常に非常に明快となるよう目指して整備しています。

私は会社と従業員は、フェアな関係でありたいと思っています。会社が強過ぎてはいけないし、逆に従業員個人が強くてもいけない。対等の関係を築くために必要なのが、先に挙げたような明示的な業績評価基準であり、それぞれに求められる具体的な職務要件と、それに沿った能力評価です。会社がなにを評価しているのかを高い透明度で示し、個人の感情などの主観的な要素を徹底的に排除する。それが、自分の良さを見てくれていないとか、自分が理解されていないといった不満ができるだけ出ないようにして、会社と従業員の対等な関係をつくることにつながると思っています。

階層に合わせた研修も実施

職能要件を明確に定め、要件に基づいた評価を進めていくことで、従業員それぞれが、自らが成長のために強化しなければならないことはなにかということが明確になります。従業員の階層に合わせた社内研修も実施するようにしています。

社内での研修は若手従業員の育成については「分かりやすく自分の考えを伝える力」「問題解決力」「ビジネスに関する数字を読み解き、つくる力」「組織や会社の仕組みを理解するための経営の基礎」といったことがテーマです。中堅の従業員については「マネジメント知識・スキルを体系的に身につける」「マネジメントの基本となる思考力を鍛える」、管理職に対しては「マネジメントスキルの体系的な学習」「リーダーの行動の型を知り、自分なりのリーダー像を描く」「マネジメントの基本となる思考力の強化」といったことをテーマにして開催しています。

日常の業務は忙しくても、業務を離れて学びの時間をもつことは自分を成長させ、人生を豊かにしていく意味でも非常に重要だと思っています。

私の場合は、自宅から会社まで片道、車で20分くらいかかる通勤の時間は必ず学習に充てることにして、1日も休まずビジネス講座を10年間聴き続けてきました。ちょうどその時に悩んでいる問題に関することでヒントをもらうこともあり、新たに気づかされることも多く、自分にとって大変貴重な学習時間になっています。

経営層の意思決定を全従業員のものに

透明性と客観性の高い人事評価制度と並んで私が力を入れているのが、経営層の意思決定内容をすばやく周知し、全従業員で共有できるようにすることです。組織の力で前に進んでいくためには、会社の現状について常に情報開示し、同じ認識のもとで今後の方針についてマネジメント層がどういう考え方をしているのかということを理解してもらわなければなりません。社内に情報格差が生まれないように配慮し、かつすばやく経営層の考えていることを伝えることは非常に重要です。

例えば各期の区切りで新たな事業計画を決めたような場合は、私が直接社内のSNSを使って全従業員向けに内容を細かく説明する動画を配信します。なぜこういう計画にしたのか、背景にはどういうことがあるのか、資料なども使って分かりやすく説明します。組織体制の変更や人事異動についても、本人への辞令交付で終わらせることはしません。当社では全従業員の顔をマグネット式のバッジにしていて、それを使ってホワイドボードやパソコン上で新たな人事体制を描き、なぜこういう体制にすることが必要なのかを説明していきます。

動画は全員が同時に見る必要はなく、各自が空き時間を使って自由に見ればいいので、見落とすことがなく、また繰り返し視聴できるので貴重な情報伝達手段になります。また、毎週月曜には社内向けラジオ放送を流しています。運転しながらでも聴くことができ、伝わりやすいメディアなので、非常に有効です。

個の力に依存した対面営業から、インターネットも大いに活用して組織力で戦う営業の第2フェーズを実現させるために、さまざまな場面、さまざまな方法で理念とミッションに導かれた組織づくりを進めています。

第4章

ローカル起業成功の戦略／ブランディング編

長崎県ネクストリーディングカンパニーに認定！

メディア露出と地域貢献活動を推し進め、地元での存在感を高める

地方ならではのブランディング好環境を活かす

全国の各地方、各県にはその地域に根差した報道機関があります。全国紙やテレビ局の支社・支局はもちろん、ローカル紙や地方局、ラジオ局がいくつもあります。常に地元の話題を探しているので、取り上げられる確率は全国紙やテレビのキー局に比べて圧倒的に高くなります。また、ローカル紙やローカル局で取り上げられた内容が本社やキー局の目に止まり、改めて全国版で取り上げられるチャンスを得ることもあります。

記者やテレビ、ラジオのディレクターとの出会いのチャンスも数多くあります。例えば地元独自のイベントなどには報道関係者は必ず来ていますから、それをきっかけに地元の話題などで付き合いを深めていくこともできます。東京で全国紙やキー局の記者と仲良くなるなどということは個人的なコネクションでもない限り難しいと思いますが、地方なら可能です。

取材で面識を得た後も記者やディレクターとは折に触れ一緒にお酒を飲みながら、

地元をどう盛り立てていくか、若者が地元に定着するためにどんな方策があるか、同じ問題意識、同じような視点に立って意見を交わし、それが次の記事や番組企画につながることもあります。ここまで近い距離でマスコミと接することができ、企画にまで踏み込んで話ができるのは地方ならではです。

また地方は広告展開上でも有利です。地方の広告費は格安です。全国紙とは同じ費用ならローカル紙なら10回出せる計算です。ローカルテレビのスポット広告1本も手軽な価格で買うこともできます。会社のイベントや取り組み、報道のスケジュールに合わせて広告を計画的に出稿すれば、当社の露出が集中して非常に大きな注目を集めることができます。

報道されるチャンスに恵まれている地方の好環境を活かして、自社を積極的にアピールしていくことが、事業の拡大はもちろん、人材採用にも大きな力を発揮します。

地元マスコミへの情報提供を積極的に展開

当社の企業としても価値を確立して向上させていくコーポレートブランディングの取り組みについては、会社の起業時から力を入れてきました。既存の長崎県内の企業は明らかに広報不足であり、ブランディングができていないと思ったからです。長崎県にいい会社はたくさんあります。イベントなどでほかの経営者と同席する機会に話を聞いて、いい会社だなと思うことも多々あります。しかし、そうした県内での企業の存在が学生に伝わっていないことが卒業生の県外流出につながっていると感じます。地元で働きたいという学生が決して少なくないことを考えると、県内に向けてもっと存在をアピールすることは非常に重要だと思っていました。

実際、当社でも、初期の頃は内定を出していた学生が親の反対で入社を辞退する出来事もあったのです。

起業して間もない、事業内容がまだはっきりと定まっていない段階でも、私は広報には力を入れプレスリリースの定期的な発行を続けました。まだこれといって、自社の事業として大々的にリリースできるものはなくても、社名だけでも記憶に残してもらえればと思い、それらしい体裁に整えてマスコミに送っていたのです。また、新聞社に向けては、こういう企画で、こういう記事にしませんか、とか、テレビ会社には、こういう特集番組にしませんかといった、先方が製作物を具体的にイメージできるように取り上げ方や内容まで提案して、先方が新たな手間を掛けず転載するだけで済むような記事の体裁に仕立てる工夫をしてプレスリリースを送っていました。

成果は早くも現れ、会社設立2年目に早くも地元紙が取り上げてくれました。地元の大学を出た二人が会社を設立し、地元を盛り上げようとイベント事業に取り組んでいる、という内容の記事です。野球用具の買取事業を本格的にスタートさせてからは、社内の床が人工芝でバッティングマシンまである面白い会社とか、若い人が集まり、死蔵されている野球用品にもう一度光を当てて活用の機会をつくっている地元ベンチャー企業、あるいは社内にバーがあり、終業後にみんなで盛り上がる楽しい会社、といった視点での紹介記事や報道番組が増えました。

地元には全国紙やテレビ局の支社・支局はもちろん、ローカル紙や地方テレビ局、ラジオ局がいくつもあります。取材で面識を得たあとも記者やディレクターとは折に触れ一緒にお酒を飲みながら、地元をどう盛り立てていくか、若者が地元に定着するためにどんな方策があるか、同じ問題意識、同じような視点に立って意見を交わし、それが次の記事や番組企画につながることもありました。ここまで近い距離でマスコミと接することができ、企画にまで踏み込んで話ができるのは本当に恵まれています。

地方は広告を展開する上でも有利です。地方の広告費は格安で、例えばローカル紙のカラー全15段広告（全面広告）は約250万円です。全国紙の日本経済新聞は約2500万円ですから、同じ費用でローカル紙なら10回出せる計算です。ローカルテレビのスポット広告は1本1万円で買うこともできます。会社のイベントや取り組み、報道のスケジュールに合わせて広告を計画的に出稿すれば、ある日は当社の露出が集中して非常に大きな注目を集めることができます。

高野連主催の高校野球大会に寄付

野球用品の買取が私たちのビジネスのスタートでした。私も少年時代に野球をしていたので、グラブなど用具の高額化が、子どもたちはもとより大人も野球から遠ざける要因の一つになっていることは知っていました。野球はバットやグラブ、ミットなど、なにかと道具が必要で、しかも高額です。私たちにとって野球は、単なる事業領域の一つということではありません。私たちは野球がもっと身近に楽しめるように、用具調達の世界を通して貢献したいと考えていて、だから野球用品の買取・再販売という事業を拡大していきました。そのことをコーポレートブランディングでも重要な柱として位置づけました。そのことを積極的にアピールしたことで、マスコミも私たちの会社や事業を取り上げて報道することが一企業の利益だけではなく、公共的な意味があると考えてくれるようになり、特集コーナーで紹介してくれる結果にもつながりました。あるテレビで制作された特集では、ラストシーンをグラウンドで元気に練習する少年野球チームの様子を少し離れたところから私が見守るという演出にして、私の事業の社会的な価値をクローズアップする形で画面に再現してくれたことで、ブランディングを大いにサポートしてくれました。

私たち自身も地域の子どもたちに向けて野球用品を寄付したり、コロナ禍で夏の甲子園大会が中止となった２０２０年は、県予選に替えて長崎県高野連が独自に開催した県大会の協賛企業となって寄付をしたりしました。

ＳＤＧｓの先頭を走る企業として

２０１５年９月、国連サミットで満場一致で採択された「持続可能な開発目標」（ＳＤＧｓ）は、「誰一人取り残さない」ことをスローガンに、17のゴールと１６９のターゲットを示しています。以前の「ミレニアム開発目標」（ＭＤＧｓ）と異なり、各国政府に対して対策を求めるだけでなく民間企業にも取り組みを求めており、極めて大きな広がりのある内容です。

同じ年の12月には、地球環境問題への世界的な取り組みの重要なターニングポイントになったパリ協定が採択されました。世界の平均気温上昇を産業革命以前に比べて1・5℃に抑えるため、できるかぎり早く世界の温室効果ガスの排出量をピークアウトし、21世紀後半には、温室効果ガス排出量と森林などによる吸収量のバランスをとる、カーボンニュートラルを実現することを取り決めたものです。途上国を含むすべての参加国が排出削減の努力をすることを満場一致で採択したことを含めて、画期的な国際合意となり、その後の各国政府や民間企業の行動指針となりました。今は企業の規模にかかわらず、民間で事業展開するすべての会社がSDGsにどう取り組むのかが問われています。

SDGsが掲げる17のゴールはいずれも、人々の毎日の暮らしに関わることであり、地元企業として果たすことができる役割は非常に多く、しかも具体的です。地元の人々を巻き込みながら取り組むことでSDGsを地元でのブランディングに有効に活かすことができます。SDGsを掲げた活動は地元企業ならではの活躍の場になります。

当社が在庫買取・再販のビジネスを始めたのもちょうど同じ時期です。偶然ではあったのですが私たちが起業した新規事業はまさにこのSDGsやカーボンニュートラルの取り組みを体現していると、脚光を集めることになりました。ＳＤＧｓがうたう「あらゆる場所のあらゆる形態の貧困を終わらせよう」「持続可能な方法で生産し、消費する取り組みを進めていこう」「気候変動及びその影響を軽減するための緊急対策を講じよう」といった目標は、まさに私たちの事業が実現しようとすることそのものです。不動在庫は、そのままでは廃棄され、ほとんどが焼却に回されてしまいます。焼却による二酸化炭素の排出は温暖化をさらに促進させる原因となっています。再利用すれば二酸化炭素の増加が抑えられるだけでなく、まだ使えるものを捨てて新しいものを買う無駄を防ぐことにつながり、有限な資源を大切に使うことになります。また生活を快適なものにし、健康を守るために必要になる製品の購入を経済的な理由から諦めざるを得ない人に、手に入りやすい価格で必要なものを届け、貧困がもたらす不平等や不幸撲滅の一助となることもできます。私たちの事業がその基本に置いている社会的な提供価値を明示し、ＳＤＧｓの啓発を進めることも私たちの大きな役割であり、同時にコーポレートブランディングの重要な要素になると考えてきました。

具体的には、福祉施設への衣料品の寄付、県内の子どもを応援するために子ども服1着プレゼントといった企画を積極的に実施しています。福祉施設などへの寄付などの折には、新しく入社した従業員も同行するようにして、当社の事業が果たしている社会的な価値を肌で実感してもらい、インナーブランディングの機会としても活用しています。

こうしたブランディングへの取り組みを続けてきた結果、今、新卒募集にエントリーしてくる学生は全員が口をそろえて、ＳＤＧｓの精神に合致した事業をしていることを志望動機の一つとして挙げます。それはまさに、当社が戦略的に地元のマスコミを通して発信し続けてきたことであり、発信が県内外の学生に確実に届いていることを示しています。本業と同時に戦略的に展開している広報、広告宣伝活動、社会貢献活動やそれを受けたマスコミ報道などによって、企業イメージが的確につくりあげられてきていることが、採用活動の強力なバックアップとなっているのです。

起業当初からの3年間ほどは、ごくまれに新聞のベタ記事として登場したことを除けば、マスコミからも県や金融機関からもほとんど相手にされることはありませんでした。プレスリリースは長く発信者側である私からの一方通行のままでした。しかし最近では地元のマスコミから、なにか新しい取り組みはありますか、あれば特集したいといった声がかかるようになり、長崎県からはなにか応援したいがどんなことがいいかと相談がもち込まれます。２０２０年10月に当社は、長崎県が今後5年間程度で成長が期待される「長崎県ネクストリーディング企業」に選出されました。県としてこういう取り組みをしてほしいという願いがネクストリーディング企業という企画が誕生する一つのきっかけになっていました。

その後も長崎県とは、さまざまな地域活性化策や県としてのＳＤＧｓへの取り組み、地元のベンチャー企業の支援、若い起業家の育成といった課題について一緒に検討を進める機会をもっています。

金融機関の取引先も非常に増えました。かつては、お宅は無理などと言われて冷たく門前払いされていたことを思えば大きな変化です。これまでのブランディングと実績がさまざまな場面で地元での存在感を高める大きな力になっていることは間違いありません。

第5章

ローカル起業成功の戦略／事業拡大編

アジア太平洋急成長企業ランキング全100万社中、小売部門5位にランクイン！

業界、地域を超えたシナジーで成長は加速する

成長を続ける企業であることへの国際的評価

2022年春、当社はアジア太平洋地域で著しく成長した会社を選ぶ「アジア太平洋急成長企業ランキング2022」と「日本急成長企業ランキング2022」の2つのランキングで上位にランクインしました。いずれも長崎県の企業としては初めてでした。

調査はイギリスの著名な経済誌『Financial Times』とドイツの統計調査データ提供会社スタティスタ社が共同でアジア太平洋地域の13の国および地域（オーストラリア、香港、インド、インドネシア、日本、マレーシア、ニュージーランド、フィリピン、シンガポール、韓国、台湾、タイ、ベトナム）に本社を置く100万社以上を対象に実施して毎年公表しています。各社の膨大なデータを数カ月かけて精査、そのなかから有力企業数千社に対して再度情報収集を実施し、算出した過去3年間の成長率などをもとに上位500社を公表しています。

当社は「アジア太平洋地域急成長企業ランキング」で総合149位（小売部門5

位）、「日本急成長企業ランキング」で38位に入りました。

起業時から、長崎県を代表する企業になることを目標としてきたので、権威あるランキングで長崎県から初めて、かつ唯一ランクインできたことを非常にうれしく思いました。わずか60万円を手に25歳のときに友人と起業し、1カ月で一文無しになった10年前には夢にも考えられなかったことです。

地元と自力、そしてスピードにこだわり続けてきたことが、取引先企業5000社以上、買取取扱高約308億円、従業員81人、過去3年間の成長率426％の記録を達成することにつながりました。

在庫買取のノウハウを活かして事業買取に進出

不動在庫を全量買取して、必要としているところに再販売して新たな価値をもつものとして流通させる、というビジネスモデルは確立できました。

スタートとなった野球用品のときは、個人経営の商店相手に全国を私自身の足で歩いて仕入れ、インターネットで個人に売るスタイルでした。そしてアパレル業界に入る時を一つのターニングポイントにして、その後はさまざまな法人の在庫を対象に大規模に買い取り、ディスカウントショップやリサイクルショップ、卸事業者に販売することをメインにしていきました。それに合わせて個の力よりも組織で売上を立たせることへとシフトしていくことに注力しながら、システムや組織体制、人事制度も全面的に整備し直しました。こうした結果、会社が一気に事業規模を拡大できたわけです。

しかし、ここで止まるつもりはまったくありませんでした。野球用品というニッチな世界で終わるつもりも、法人在庫で止まるつもりもありませんでした。次に向かって、どう踏み出すか。私はこれまでつくりあげてきたビジネスモデルを改めて、作業を含めてすべて言語化して、そのエッセンスはなにかということを自身で確認してきました。

滞留して動かず、事業や経営の重荷になっている在庫を買い取る、それも単なる仲介や利益が出そうなものの部分的な買取ではなく、全量を一括してすばやく現金で買い取ることによって、生産や経営のリスタートを支援し、同時に、つくられた製品を必要とする人に届け、新たな価値をもたせて廃棄させずに活かすことができる――というのが、ビジネスモデルです。根底にあるのは、自社の利益のためだけでなく相手の利益にもなるという点です。それが正しく、共感を呼ぶものであったから、ここまで成長できたと思います。この基本理念やここから生まれたビジネスモデルを適用すれば、まだまだ貢献できる業界はあると思います。

その一つとして取り組み始めたのが、事業買取ビジネスでした。

ヒントは以前からありました。個人商店や小規模な法人と在庫買取の話をしていると、実は後継者が見つからず、もう廃業するから全部持っていてもらえるのはありがたい、といった話を聞くことが多かったのです。しかし、在庫買取ビジネスを私なりに確立して、一応形を整えたときに、在庫という物だけではなく事業そのものを買い取ることもビジネスになるのではないかと思いました。なぜなら在庫買取に参入した際にも、仲介は同じように存在したからです。しかしそれでは本質的な課題解決にはなっていないと思いました。だからこそ、全量一括買取を実現させる努力をしてきました。M&Aの業界も同じではないかと感じたからです。

日本の中小企業の後継者不足は本当に深刻です。

その一つに2025年問題と呼ばれているものがあります。2025年には経営者が70歳以上の企業が約245万社まで増え、半数を超える約127万社が後継者不足で廃業・倒産するとみられているのです。すでに中小企業の休廃業・解散件数は2016年から毎年コンスタントに4万件を超え、2020年には4万9698件に達しました。しかも、その休廃業・解散企業の6割以上が黒字経営です。なかには当期売上高純利益比率が5%以上という企業も4分の1近くあり、まだまだ事業を継続できるはずです（データは『中小企業白書』2021年版）。後継者がいないのでやむなく廃業するという中小企業は増える一方です。中小企業庁も、現状を放置すれば2025年までの累計で約650万人の雇用が失われ、約22兆円のGDPが失われると危機感を募らせ、M&Aを加速させることも検討しなければならないとしています。

以前は大企業に限った話と思われていたM&Aが、中小企業の生き残り策として積極的に提言されるようになりました。

しかし、実際の中小企業のＭ＆Ａは低調です。日本商工会議所の調査レポート（「中小企業におけるＭ＆Ａの動向」２０２０年）でも、買い手としてＭ＆Ａを実施した企業は約８％、検討したものの実施に至らなかった企業が約７％で、合計15％程度にとどまっています。「積極的に検討する」企業は約9％に過ぎません。

もともと中小企業経営者のＭ＆Ａに対するイメージは決して良いものではありません。２０１８年の東京商工会議所のアンケート調査でもＭ＆Ａを「良い手段だと思う」という回答は39％にとどまり、「良い手段だと思わない」「よく分からない」の回答が60％以上に上っていました。Ｍ＆Ａ仲介会社も増えて動きも活発化してＭ＆Ａに対する否定的な感覚は少しずつ減ってきていると言われつつも、積極的な検討が増えない背景には、多くの中小企業経営者が依然としてＭ＆Ａに不安と抵抗感を抱いていることがあります。

仮にＭ＆Ａを検討しようと仲介会社に連絡を取っても、現在の仲介業務は非常に時間と手間のかかるものであることから、気軽に利用できません。これもＭ＆Ａの普及が進まない一因です。企業同士のＭ＆Ａが検討のフェーズに入ると、専門の仲介業者や金融機関が間に立って「ヒアリング」「調査・資料作成」「募集」「交渉」「トップ面談」といった工程を踏むことになります。短くても1年くらいかかってしまうのです。実は当社がアパレルへの進出のために一部事業の売却を考え、仲介会社に声を掛けたときも、膨大な量の書類の提出を求められ、売却の完了まで1年くらいは見てくださいと言われて、それなら結構ですと断ったことがあります。買い手であれ売り手であれ、中小企業にとって1年はあまりにも長い時間です。買い手は買収した事業をすぐに自社のリソースとして活用して市場に投入したいと思っているはずです。今の時代、1年も先では市場環境が変わってしまう可能性も少なくありません。売り手側も売却資金は1日でも早く手に入れたいのです。もし不採算事業なら、結論を待つ間も運転を続けなければならないということから赤字を拡大してしまいます。1年待っているうちに倒産してしまう可能性すらあるのです。

仲介会社の事業はやはり大企業が中心で、中小企業に対するサービスは低調です。対等合併にせよ買収による吸収合併にせよ、仲介会社は仲介する企業規模が大きければ大きいほど手数料収入も大きくなります。仲介会社の目が大企業に向かうことは、ある意味では避けられません。それらを懸念して地方自治体などでも専用のM&A相談窓口などを設け始めています。しかし、最初のマッチングのサポートがメインで、本格的な仲介機能はもっていません。

つまり現況では、たとえこれからは中小企業もM&Aの検討が欠かせないなどと言われても、実際には取り組むことができないのです。だから私は事業買取ビジネスに取り組むことにしたのです。

企業が手掛けている事業を当社で買い取り、必要とする企業に売却するサービスです。在庫買取と同様、仲介ではなく私たち自身による買取ですから交渉はスピーディーにできます。私たちが一度査定を行い買取をするからです。売りたい企業が自分で買ってくれる相手を探す手間はありませんし、相手を説得する材料を一生懸命にそろえる必要もありません。買いのリスクは私たちがすべて引き受けています。

私たちが買い取るのは中小企業の事業です。買取価格の範囲は200万円から1000万円が中心で、その意味でも判断はしやすいといえます。最短なら2日程度、どんなに長くても1週間で買い取ることができます。売りたい事業を速やかにキャッシュに換えることができ、その事業に取り組みたいと考えている企業や個人は、それをすばやく手に入れて運営を始めることができます。どちらにとっても簡単で早いことが特徴です。

「とにかく買おう」

在庫品が事業に変わっただけで「モッタイナイを新しい価値にする」という私たちの基本的な考えは変わりません。在庫買取と同様に必ずニーズがあると思いました。私はビジネスのスタート地を案件が多くある東京と考えて、買取のためにまず役員と社員を送り込みました。

しかし、なかなか事業を買うことができませんでした。いわゆるデューデリジェンス（投資先の価値やさまざまなリスクなどの調査）の内容にわずかでも気になるところがあったり、事業の見通しに自信が持てなかったりと、決断をためらってしまうのです。

これは在庫買取の初期にも経験したことでした。どんどん買っていい、といっても、なかなか判断はできません。やはり最初は経営のトップである自分が責任をもって決断しなければダメだと思って私自身も東京に行きました。そして2日間で２００万円くらい買いました。インターネットの通販サイト、動画投稿サイト、スポーツジムなどです。私は、売れなくてもいい、大赤字になってもいい。とにかく買おう、と在庫買取の時と同じように現場にそう伝えました。買わない限り、新しい事業はなにも始まらないからです。

実はこのときの事業買取の一つで私は大失敗しました。大半の事業は3日とかからず売却ができて、しかも利益を出したのですが、あるスポーツジムだけは２００万円で買ったものの、なんと10万円でしか売れなかったのです。差し引き１９０万円の大赤字です。しかし、この経験は貴重な学びであり、無駄にはならないと思います。この反省を次からの判断基準に活かしました。スポーツジムで買取価格が合わない難しい案件は、買取ではなくアドバイザリーにシフトすることも考えることにし、新たなノウハウも得ようとしました。こうしたことを通じて、買わなければなにも始まらない、買うことで学びながら進む、という全量一括買取ビジネスならではの基本の大切さを事業買取でも改めて確認することになりました。

また、販売や販路についても、在庫買取と同様に工夫を重ねました。現在は事業を買いたいと思っている企業にあらかじめ希望の事業分野や地域、売上の規模などを登録してもらうようにしています。私たちが買い取った事業は、まず登録企業に紹介します。登録してくれる企業はあらかじめ事業買収の意欲をもっている会社ばかりですから反応は早いのです。急いで売却する必要はない、売却額は希望のものを是非とも通したい、というのであれば、私たちの買取よりも、一般の仲介会社経由で進めたほうが良い場合もあるからです。それも含めて、多様な販路をしっかり確保することは買取をスムーズに進めて利益を確保するための大きなポイントです。これも在庫買取ビジネスで得た大きな教訓でした。

新たな事業買取ビジネスは予想した以上に拡大し、会社の収益にも大きく貢献しています。事業開始から約1年で買取事業数は224件に上り、累計買取金額7億円、成約率は約93％に上っています。

在庫品や事業以外にも、一括買取・再販のビジネスモデルが応用できる分野はまだまだあると思います。どんなものでも価値を発揮できる場所は必ずあります。抱えていても解決しないし、処分してしまったらあまりにももったいない。

私たちが企業のスローガンに掲げてきた、モッタイナイの精神を発揮し、これまでの取り組みで得たノウハウを武器に、さらに分野を拡大していきたいと思っています。

シナジー効果を求めてM&Aにも挑戦

起業からそろそろ10年を迎えようとしていた時でした。自宅でテレビを見ていると、長崎から上場を目指して頑張っている企業があるというニュースが流れてきました。

長崎県内に登記上の本社（本店）を置く上場企業は1社しかありません。ただしこの会社も別に東京本社を構え、実際の管理業務はすべて東京本社でやっていますから実質的に長崎に本社を置く上場企業はゼロといえます。実際、企業情報誌『会社四季報』は、長崎県は上場企業ゼロと表記しています（2021年春号）。もちろん、仮に1社と数えても、47都道府県中で最下位です。

テレビニュースで取り上げられた会社は、県内上場企業第1号を目指して頑張っているというのです。前に向かって進んでいるのは自分たちだけではないのです。マイペースで成長していけばいいわけではない、それでは追い越されるのだと感じました。貪欲に成長を目指していかなければならないのです。始めた事業は、その瞬間にもう過去のものです。追随してくる企業もたくさん現れます。ブラッシュアップはできても、まったく新しいものはもうそこからは生まれません。その危機感と貪欲に次を模索し続ける視線こそ、起業以来の会社の成長を引っ張ってきたものです。先頭を走りたい、ずっと一番であり続けたい――その気持ちは強くもち続けなければならないと思いました。

翌朝、私はすぐに役員を集めて、次の成長への道筋をどう考えるべきか話し合いました。私と役員にこそ、今に安住せず、現状を壊してでも前に進む気概と気迫が必要です。すぐに再度事業戦略の確認と修正、人員配置などをあらためて整理して今後の戦略を修正しました。また今後は事業を作っていくだけでなくM&Aも検討していこう、と話しました。創業数年目と比較しても現在は資金にある程度余裕もあります。これまで頑張って事業を伸ばし資金管理をしてきた成果だと思います。

そこで当社とシナジーがある企業と、さらなる成長を目指してタッグを組めばサービスをより強いものにできると思いました。

当社のビジネスモデルを活かすことができる業界はまだまだある——さまざまな領域で貢献できるように努力していきたいと思います。

マネジメント層の強化が次の成長を支える

会社組織に必要な人材は、その会社の成長段階に応じて変わります。まだ起業して日も浅くビジネスモデルも定まっていない、ごく初期の段階と、ビジネスモデルが固まり、その下で一気に市場を獲得していく段階、さらに売上が拡大してビジネスも安定し、組織体制も充実してきた段階では、会社が求める人材は同じではありません。

初期の創業期に最もほしいのは、掲げた理念を信じ、自分と仲間を信じて大きな壁の前に立たされても簡単には諦めない強い精神力の持ち主であり、事業拡大を目指す成長期にほしいのは突っ走るエネルギーの持ち主であり、安定期に欲しいのは進むべき方向を深く考えることができる戦略的な思考に長けた人物です。

また、組織構成においても成長段階やその時々の戦略や必要に合わせて、どこを厚くするのか、一般層か中間管理職層かマネジメント層か、その検討が必要になります。一般的にいえば、創業期は自ら先陣を切って走る強力なマネジメント層が欠かせないものであり、成長期は一般層の大きなパワー、安定期は一般層とマネジメント層をつなぎながら組織の全体の強さをつくりあげる中間管理職層の力が必要です。

企業が継続して発展していくためには、その時点で最も必要な人材のイメージと強化すべき職層の検討と実際の取り組みが欠かせません。起業時の勢いだけで5年、10年、さらにその先へと進むことはできません。起業後の歩みを振り返り、今組織はどういう状態にあるのか、事業拡大には、その分析と組織強化のための戦略が求められます。

若いベンチャー企業からの脱却

創業10年を経て、今私が力を入れたいと思っていることの一つは、若いベンチャー企業からの脱却です。そのためには積極的なM&Aの実施による企業規模の拡大、新たなビジネス領域の開発、ブランディングの強化といったテーマがあり、対社内という観点ではマネジメント層の強化が大きな課題だと思っています。

私の気持ちのなかでも貪欲に次を目指して走る意欲が一瞬薄れていたように、油断や安住の気配は役員のなかにもありました。私がテレビのニュースを見て大きな衝撃を感じたのと同時に、新たな危機感が生まれました。今の役員が月間一億円の売上をあげることよりも2000万円の売上が立てられる5人の新人を育て、やがてそれぞれが1億円の売上を立てられるように教育すべきであり、そのためにマネジメントをしっかりすることが必要なのではないかと思いました。一定の成長を実現した今、大切なのは、マネジメント層が危機感を常にもちながら現状に満足せず前に進んでいこうとする意欲です。

これまでの10年の経験を振り返っても、リーダー層が的確に、そして真剣に悩めば、大概の課題は解決できてきたし、組織全体を前に引っ張っていくことはできると思っています。バスケットでフリースロー対決で勝ちたいと思っている人が、シュートの練習ではなくてドリブルの練習をいくら頑張っても、決して得点力を上げることはできません。しかし、きちんと課題をつかみ、障害をクリアする方法を見つけだして実践すれば課題は解決できます。必要なのは、課題発見力があり、粘り強く解決策を考えていけるリーダーと、優秀なマネジメント層の存在です。

会社組織に必要な人材は、その会社の成長段階に応じて変わると私は考えています。まだ起業して日も浅くビジネスモデルも定まっていない、ごく初期の段階と、ビジネスモデルが固まり、その下で一気に市場を獲得していく段階と、さらに売上が拡大してビジネスも安定し、組織体制も充実してきた段階では、会社が求める人材は同じではありません。単純化していえば、初期の創業期に最も欲しいのは、掲げた理念を信じ、自分と仲間を信じて大きな壁の前に立たされても簡単には諦めない強い精神であり、事業拡大を目指す時期に欲しいのは、突っ走るエネルギーの持ち主であり、安定期に欲しいのは進むべき方向を深く考えることができる、戦略的な思考に長けた人物です。その意味で今の会社に必要なのはマネジメント層の強化です。創業10年の当社に、上級の管理職経験者は私を含めて一人もいません。ビジネス書などでは大手企業でマネジメントを経験したベテラン社員をヘッドハンティングして迎え、スキルを導入すべきだというアドバイスもあります。実際、高額の仲介手数料を払い、しかも本人には前職の役員待遇に見劣りのしない高給を用意して中途入社させている企業もあるようです。しかし私はここでも、自力を貫こうと思いました。自分たちで試行錯誤しながら、当社らしい役員像をつくりあげていこうと思っていました。それも私たちの財産にすることができます。

そのため私は、役員とはどういう存在であるべきなのかと、一から考え直し、言語化しました。等級別の「資格要件書」を作成したときと同様に「役員ガイドブック」をつくって「役員ガイドライン」を定めたのです。

ガイドラインにある要件を満たし、求められる資質を備えた者だけが役員として活躍できると思っています。私が役員ガイドラインに挙げた資質を備えた役員を育て組織の先頭に立たせることが、創業から10年を経て次の段階に踏み出そうとする私の会社の原動力になると思っています。次は、ベンチャーの冠を足下に置いて、長崎を代表する企業にならなければならないのです。そのために組織を引っ張るマネジメント層の強化は欠かせません。

長崎を代表する会社といえば、ジャパネットたかたがあります。私のロールモデル企業です。良いものを厳選し価値を分かりやすく伝え、アフターサービスにも万全の配慮をする独自の通販事業は、30年以上、高い評価を獲得し続けています。スポーツを通した地域振興事業もすばらしいと思います。私は、ジャパネットたかたがいつ創業し、いつテレビショッピングを開始し、大型物流センターをいつどこに構え、東京事務所はいつ開設したのかなど、その沿革を手元で年表にして、ジャパネットたかたを参考に自分の会社をいかにして前に進めていくか、あれこれと思いを巡らしていたことがあります。次の10年で、ぜひともジャパネットたかたのようなすばらしい会社に近づけるように努力したいと思います。

第6章

ローカルへのこだわりが未来を拓く

——起業の成功と成長の源泉は地方にこそある

キーワードは自力とスピードと誠実さ

私は大学を出て会社勤めをしながら、25歳で起業しようと心に決めていたとき、休日を利用して東京に出たことがあります。ベンチャー企業からスタートし短期に急成長した会社の本社ビルを探してその前に立ち、巨大なビルを見上げてたたずんでいたことがありました。その足で東京証券取引所も見学しました。

すごいなと思いました。しかし、東京は自分が起業するところではないとも感じました。あらかじめ起業の環境が整えられている大都市で、ブラッシュアップして走りだしても、一時は成功するかもしれませんが、私の中では決して長続きはしないだろうと思ったからです。

『絶対に成功する本』『楽してお金が稼げる本』のような書物を読んでも、成功した人はいないのではと思います。楽々とお金を稼いだ人もなかなかいないはずです。

ベンチャー企業に楽をさせてくれる条件がなに一つなかった私の場合は、明日の支払いをどうするか、今月は給料が払えるのか、と毎月ギリギリのところで常に事業を回していかなければならなかったからこそ、現場でスピーディーに判断し、すぐに売上につなげ、キャッシュを回していくビジネスモデルの工夫ができました。自力とスピードこそ、最重要キーワードであると肝に銘じてきたことがビジネスモデルを磨き上げることにつながりました。今は赤字でもいいなどという余裕は一瞬たりともなかったのです。あとで判断することも許されませんでした。どういう形であれ、その場で一歩でも半歩でも進み、なんらかの果実を得なければ、今日食べていくこともできなかったからです。

さらに私にとって幸いしたのは、一人ひとりと本気で向き合い、自分の利益よりも相手の利益になると思って誠実に話をしなければ顧客も従業員も誰も動かないということです。ドライに片付けられるものは一つもありません。全国で通用するビジネスモデルを生みだすことにつながったのだと思っています。

課題はXを見つけて解決する

会社経営を約10年間やってわかったことがあります。それは顧客の課題を、顧客自身が必ずしも把握しているわけではないということです。そしてこのことは当然、自社においても言えることだと考えています。

お客様に課題を聞いて、お客様が言う課題の解決に向けた提案を行なっても、お客様がしっくりきていないことがありました。なぜそのようなことが起こるのかを考えたときに、お客様から聞いた課題自体が、じつは本質的な課題ではないのではないかと感じるようになりました。

そこで当社ではお客様に課題を聞くのではなく、当社がお客様の本質的な課題、つまりXを探し出す作業を行うことにしました。Xが見つかれば、その部分を盛り込んだ提案をしていくことによってお客様に喜んで頂けると思います。この作業は当然、簡単なものではありませんが本質的な改善をしなくては目的を達成できません。これは自社に置き換えても同様に目的に向かっていく際に、表面的な課題解決をしながら走るのではなく、Xを解決させることを重要視しています。

そうすることによってサービスをより強力なものに、ひいてはお客様に本当に必要とされることにつながると思っています。

対面営業の場面で大切なのは、顧客が口にした言葉の背後にある真意をつかむことです。直接言葉になっているのは、あれが欲しい、これが足りないという表面的なレベルの、言い換えれば足し算や引き算の世界です。そこに顧客の本当の悩みはありません。実は本質的な課題はXとして裏に隠れていて、それを見つけなければ顧客の課題解決につながる提案はできません。攻め込んでXを見つけることこそビジネスモデルを鍛えるものであり、私はそれはローカルの対面営業でこそ可能になると考えているのです。

いちばん大切なのは従業員

どんなに良いサービスをつくったとしても、そのサービスが良いと思われて顧客に信頼されて、使ってもらえなければ意味がありません。そのためには常に顧客を第一に考え、顧客の利益になることを提案できる従業員が欠かせません。事業は顧客第一です。同時に、会社は従業員第一でなければならないと思います。

従業員が会社を好きになり、会社が提供するサービスを理解し、かつ、自分が会社から大切にされていると思わなければ、顧客を第一に考えた提案をすべきだと言われても、単なるうわべの作業になって顧客には伝わりません。私自身を振り返ってみても以前に会社勤めをした頃に、その会社で顧客第一と聞かされていました。しかし、本当に顧客を大切にしていたかと問われれば自信はありません。丁寧に対応はしていました。しかし本当に自分のもてる力のすべてを注いでサービスや商品を提供していたのではありませんでした。なにが足りなかったのかと言えば、サービスに対する自信です。会社とサービスに自信をもって会社を成長させていきたいと思えばこそ、顧客への心を込めた提案ができると思います。

ですから私がいちばん大切にしてきたのは従業員であり、従業員とともに過ごし、従業員にきちんと意図を伝える時間でした。企業の経営者同士の付き合いや、外部のセミナー、講演会などへの参加はあまりしませんでした。それらをやると従業員と過ごす時間は十分取れなかっただろうし、取る必要も感じなかったのではないかと思います。その点でも長崎にはローカルならではの従業員同士の密度の濃い時間がありました。

私は個々の従業員と一対一で話すことを、初期のころから積極的に取り組んできました。最近は従業員数が増えて実施が難しい面もあるものの、ただ話すだけでなく、従業員からも、もう少しこうであってほしいといった要望や率直な意見が具体的に上がり、私も必要だと思えば翌日には変更したり改善したりするようにしました。個々の従業員が自らの意見を私に伝えたことが活かされて会社で変わったところを実際に見れば、自分の会社は言えば変わる会社なのだ、とはっきりと実感でき、前向きの評価は従業員の間にも広がっていきます。

私は、卓球場や社内のバーで、あるいはランチ会や飲み会で、そして社内のSNSや動画配信などを使って頻繁に従業員とメッセージをやりとりし、しっかりとコミュニケーションを取ってきました。従業員自身もメディアからの取材に対して、会社が従業員一人ひとりを大切にしてくれていると口々に回答していて、地元の急成長企業で従業員が楽しく働いている会社として評判が定着しました。今、大卒新人の採用に苦労することはありません。

長崎県も、大都市圏を除く他県同様、人口動態を見れば非常に厳しい状況にあります。人口減少や少子高齢化は全国よりも速いペースで進んでおり、1960年に176万人を数えた県人口は2022年4月1日現在で約129万人となり、このまま推移すれば2040年には105万4000人にまで減少すると見られ、2040年頃には生産年齢人口が県人口の5割を切るとも予想されています（「長崎県長期人口ビジョン」2019年版）。

県でもさまざまな対策が実施され、移住促進や企業誘致などに取り組んでいるものの、転出者の超過率はむしろ上昇し、大学新卒者の県内就職率も悪化しています。外から人や企業を招くのは、結局地方都市間の人の奪い合いというゼロサムゲームでしかないし、弱い地方同士が争ってどんな解決になるのか私は疑問です。有効な策とは思えません。必要なのは学生が働きたいと思う魅力ある会社が県内に誕生することであって、私たちもその1社となって地域に貢献したいと思ってこの10年間戦ってきました。少なくとも一歩は踏みだせたと考えています。

若い仲間たちと前進を続けたい

2013年に25歳で長崎県諫早市で起業してから10年、手元資金60万円、従業員2人の、会社が今、アジア太平洋地域の急成長企業ランキングにランクインする注目企業の1社となることができました。

野球グラブという超ニッチな分野で在庫一括現金買取スタイルを編み出し、野球用品買取ビジネスを売却しアパレルの法人在庫買取とディスカウントショップや卸への販路の開拓へと突き進んでいった、私のビジネスの歩みは、すべて現場での学びと思い切ったチャレンジによって実現できたものだと感じます。結果として運もあったかもしれませんが、偶然といえるものはなに一つありませんでした。運があったかどうかは本質的なことではありません。しかし、成長は必然であったと私は確信しています。

気づく力、やり抜く力、リスクをコントロールしながら挑戦する力、仲間を引っ張っていく力など、成長にはすべてが必要です。10年どころか20年、30年と成長を続ける企業は本当にすごいと思います。当社は、ようやくそうした企業になるための一歩を踏みだしたに過ぎません。創業した日に絶対に成功すると意気込んでいましたが、資金は1か月でなくなり、地獄のような日々を過ごしました。しかし諦めずに長崎県から全国展開を目指して10年間、必死にがんばってきたことで、当時はもっていなかった多くのリソースを得ることができました。10年前には扱ったこともなかった規模の意思決定を日々行うことの怖さがないといえば嘘になりますが、手にした挑戦権を必ず活かしたいと強く思っています。

おわりに

学生時代に企画したイベントもそこそこ成功した、起業も難しいことではないと甘い見通しのもとに友人を誘って、たった二人で始めた会社は、わずか1カ月で60万円の手元資金を失い、電気やガスも料金滞納で何度も止められ、携帯の液晶画面をライトの代わりにしたり、真冬を水のシャワーで過ごしたこともありました。一瞬息が止まるほどのあの水の冷たさは今でも忘れることができません。

大丈夫だ、きっとうまくいく、と二人で励まし合い、長崎を代表する会社になるんだと、その一心で耐えて営業に回っていました。まるで昭和のスポーツ根性物語のようにも見えるけれど、今振り返れば、なにもなくても、一生懸命に自分たちの頭で考え抜いて真剣にチャレンジすれば、必ず道は拓《ひら》けるということを知ることができました。それだけでもこの10年は本当に価値のあるものだったと思います。

もちろん、自分一人の手柄でも努力でもなんでもありません。私が必死に口説いて共同創業者となってくれた副社長の存在がなかったら、今の会社はありません。なにをやっているんだ、ダメじゃないかと厳しい言葉を投げつけたことも何度もあったのに、よく私についてきてくれたと思います。会社を一緒にやろうと誘ったときはかなり強引でしたが、それでも本人から、一緒にやるよと返事をもらったときは本当にうれしかったのをはっきりと覚えています。それだけに創業当初のまさに食うや食わずの時は、ここまで引っ張り込んでしまって本当に良かったのか、ここに来なければ、もっと楽しい時間を過ごせたろうし、もっといい人生になったのではないかと、不安でした。もう一人、大学時代の友人に声を掛けて強引に引っ張ったメンバーが今の取締役で、誘ったのは創業3年目でまだ事業の骨格も定まっていないときでした。彼は安定した会社で働いていて、両親も突然の転職に大反対されていました。それでも居酒屋に呼び出しては副社長と二人で、いかにも楽しそうに新規事業の構想などを話し、一緒にやろうよと誘い、本人がやる気になってくれたのです。

会社の成長とともに一人また一人と仲間に加わってくれて、創業期の苦労を一緒に乗り越えてきた従業員にも、我慢をしてもらったり心配を掛けたりしながら、これまでの10年、私を支えてもらいました。

皆に感謝してもしきれません。

自分一人の力でもなんでもない。家族を含め、周りの人に支えてもらいながらここまで来ることができたと思っています。あんなに苦労を掛けた副社長が、ここまで一緒にやってきて本当に良かったと私に言ってくれたときや、いい会社に入ったなと親に言われましたと入社間もない従業員が笑顔で教えてくれたときは、事業でなにかを成し遂げたときよりも何倍もうれしく思いました。会社が成長することで従業員や家族が笑顔で毎日を送り、この会社に来て良かったと思ってもらえることが、私の最高の喜びです。創業して良かった、ここまで頑張ってきて本当に良かったとつくづく感じます。

うれしかったことがもう一つありました。幼稚園に通っている子どもの参観に出かけたときです。自分が将来なりたい人を絵に描いてみようというテーマで、園児らはそれぞれ警察官とか消防士とか、看護師とかケーキ屋で働く人とかを描いていました。自分の子どもを後ろからそっとのぞき込むと、会社のTシャツを着た私がパソコンのキーボードをたたいている絵だったのです。

つい自宅でも難しい顔をして、黙ってパソコンに向かい、新しい事業のことなどを考えていることも多く、子どもにも妻にも申し訳ないと思いつつも、そんなふうに時間を過ごすことも多かったのは事実です。

そんな私の姿を、一緒に遊べない寂しさを感じながらも、頑張っているお父さんはかっこいいと思ってくれていたのか、だからなりたい自分の絵に選んでくれたのかと思うと、涙がこぼれそうになりました。

私をいつも支え、さまざまなことを教えてくれた会社の仲間や取引先の皆さん、友人や家族への感謝の気持ちを忘れずに、これからもいろいろな教えをいただいて、前に進んでいきたいと思います。

この10年の成長は、自分の予想を超える大きなものでした、しかし今のここに安住するつもりはありません。私たちの挑戦はまだ始まったばかりだからです。次の10年で、長崎を代表する会社になるという創業時からの念願の実現に決着をつけたいと思っています。

起業直後の、あの水のシャワーの冷たさと、たくさんの人の温かな支えを決して忘れず、関わっていく人のすべてが誇りに思える会社をこれからも全力でつくっていきたいと思います。

【著者プロフィール】
吉岡拓哉（よしおか たくや）

PINCH HITTER JAPAN 株式会社　代表取締役社長

1987年生まれ、長崎県出身。大学2年生のときに訪れた学園祭がきっかけでいずれは起業することを決意。大学卒業後は美容関連商社最大手、株式会社ダリアに入社。営業として圧倒的な成績を残した。同時に起業への足掛かりを得るために数々のイベントを企画し、起業成功の確信を得たのちに2013年に独立起業。法人在庫買取事業、卸売事業、ECサイトとのアカウント販売事業など、複数の事業を展開し急成長を遂げている。起業するための環境が整っていない、起業マインドも乏しい長崎というローカル発でありながら顧客は東京、大阪を中心に全国にまたがっている。PINCH HITTER JAPAN 株式会社はアジア各国の100万社以上を調査対象とした「アジア太平洋急成長企業ランキング2022」、「日本急成長企業ランキング2022」にランクインしている。

本書についての
ご意見・ご感想はコチラ

25歳ではじめた長崎のベンチャー企業が世界で注目されるようになった理由

2023年3月24日　第1刷発行

著　者　　吉岡拓哉

発行人　　久保田貴幸

発行元　　株式会社 幻冬舎メディアコンサルティング
〒151-0051　東京都渋谷区千駄ヶ谷4-9-7
電話　03-5411-6440（編集）

発売元　　株式会社 幻冬舎
〒151-0051　東京都渋谷区千駄ヶ谷4-9-7
電話　03-5411-6222（営業）

印刷・製本　中央精版印刷株式会社
装　丁　　秋庭祐貴

検印廃止

Printed in Japan
ISBN 978-4-344-94180-9 C0034
幻冬舎メディアコンサルティングＨＰ
https://www.gentosha-mc.com/